U0737145

不一样的阅读　一样的成长

——初中英语整本书阅读策略

肖巧韵　著

合肥工业大学出版社

图书在版编目(CIP)数据

不一样的阅读 一样的成长:初中英语整本书阅读策略/肖巧韵著.--合肥:合肥工业大学出版社,2024.— ISBN 978-7-5650-6817-1

Ⅰ.G633.412

中国国家版本馆 CIP 数据核字第 20243MH627 号

不一样的阅读 一样的成长

——初中英语整本书阅读策略

肖巧韵 著		责任编辑 郑 洁	
出 版	合肥工业大学出版社	版 次	2024 年 12 月第 1 版
地 址	合肥市屯溪路 193 号	印 次	2024 年 12 月第 1 次印刷
邮 编	230009	开 本	710 毫米×1010 毫米 1/16
电 话	基础与职业教育出版中心:0551-62903120	印 张	11
	营销与储运管理中心:0551-62903198	字 数	174 千字
网 址	press.hfut.edu.cn	印 刷	安徽联众印刷有限公司
E-mail	hfutpress@163.com	发 行	全国新华书店

ISBN 978-7-5650-6817-1　　　　　　　　　　　　定价: 36.00 元

如果有影响阅读的印装质量问题,请联系出版社营销与储运管理中心调换。

总　序

超越优秀，成就名师

　　广东省这一轮中小学"百千万人才培养工程"初中文科名教师培养对象的系列专著陆续出版了。作为这个项目的主持人和导师，我想说几句话，权作这套书系的总序。

　　优质的教育需要优秀的教师，基础教育的高质量发展也需要教师的高质量发展。因此，培养和造就高质量的教师成为国家、教育行政部门和学校的重要任务，而成就卓越、实现专业的终极发展也应是教师自我的追求。

　　为贯彻落实中共中央、国务院关于全面深化新时代教师队伍建设的有关部署要求，进一步加强广东省中小学教师队伍建设，培养造就一大批教育家型教师、卓越教师和骨干教师，努力营造优秀教育人才脱颖而出的制度环境，2020年广东省实施了新一轮中小学"百千万人才培养工程"。

　　该工程以打造广东省中小学高层次人才队伍为目标，建立完善省、市、县三级分工负责、相互衔接的中小学教师人才培养体系，坚持系统设计、高端培养、模式创新、整体推进，注重发挥教育家型教师、卓越教师和骨干教师的示范引领作用，辐射带动中小学教师队伍整体素质的提升，为加快推进广东省教育现代化提供坚实的师资保障和人才支持。

　　该工程主要目标任务：到2035年，省级培养项目培养数以千计师德师风高尚、教育理念先进、理论知识扎实、教育教学能力强、管理水平高，具有国际视野、创新精神、较大社会影响力和知名度的教育家型教师；市级培养项目培养数以万计的卓越教师；县级培养项目培养数以十万计的骨干教师。

2021年7月，广东省"百千万人才培养工程"初中文科名教师项目立项。经过多轮遴选，35位来自全省各地市的初中文科教师成为名教师培养对象。他们都是45岁以下，具有高级职称，在教学和研究上都已取得一定成绩的优秀教师，基本上都有市级优秀荣誉，其中不乏全国和广东省优秀教师、特级教师。我有幸成为这个项目的主持人和导师组组长。我给培养对象定的目标就是通过三年培养，在三年或者再长一点的时间内，35位教师都能成为教育家型的"粤派名师"。

对于这35位教师，我要致以诚挚的谢意和敬意。因为，他们都很优秀，都很年轻，都很努力。

当前中小学存在一种普遍现象，有的教师在获得优秀称号或40岁之前都有着较高的成就动机，比较明确的努力目标、奋斗方向，那就是要争取"优秀"，且都为成为"优秀"付出了艰辛和心血。但随着优秀称号或高级职称的获得，有的教师便产生"优秀（职称）到手万事休"的享乐心理，自认为在专业上已是"船到码头车到站""多年媳妇熬成婆"了，沾沾自喜于"优秀"和高级职称，故步自封，不自觉地失去成就动机，不思进取。年龄相对较大的优秀教师就有"人到中年万事休"的知天命心理，认为自己人生渐入或已入不惑之年，身体已不如壮年，且在新课改中和青年教师相比，很多方面都处于劣势，没有多大必要再像原先那样拼死拼活去追求新的发展目标。如此，他们消磨了斗志，失去了再发展的方向，不再一如既往地投身教师工作，只抱着"当一天和尚撞一天钟"的态度一味地吃老本、混日子、摆架子，甚至干脆逃避工作。

初中文科名教师项目中的35位培养对象，都摈弃了以上心理，他们已经功成名就，且上有老下有小，却没有"躺平"，没有"佛系"，也没有"固化"，而是继续在为自己的专业再发展，搞课改、做课题、出专著、提主张、带后进、帮薄弱，为使自己走得更远而努力。这怎能不让我感动而对他们感谢和致敬呢？

当然，也正因如此，我的责任和压力更大了。如何带领这 35 位优秀教师一起成长，最终使其成为教育家型的"粤派名师"，就成为我必须思考的问题和今后三年的重要工作任务。我虽倍感压力，但信心满满。

教师的专业发展受外部因素和内在因素的制约，是教师主体与周围环境相互积极作用，通过主体的各种实践活动而实现的。"人在社会中推进生命历程的时候，除了受到环境因素的影响之外，还要受到个人的能动性和自我选择的影响。"[①] 教师需要更多的"内生性"成长，而非"外铄性"成长。教师专业发展既是社会身份的获得，又是教师专业内在价值的体验与获得。广东省中小学"百千万人才培养工程"给老师们提供了一个平台，创造了成长的机会和条件。但是，如果没有培养对象自我发展的意识和行动，仅靠工程来打造是不可能实现专业再发展的。因此，在这里，我想对 35 位培养对象提出几点希望。

首先，树立专业再发展的意识和成就名师的信心。

柯林斯说："因为优秀，所以难以卓越。"卓越之难，在于远超优秀的境界。各位名教师培养对象都是具有了一定成绩和成就的优秀青年教师，有的还具备了令人称羡的荣誉和名号，是教师在专业发展中的先行者。但是，从教师专业发展的角度来说，优秀只能是代表其以往专业生涯的成绩，而未来的专业之路并不因其拥有优秀称号就必然取得更大的成就。教师的工作是一个动态、复杂的专业领域，充满了未知和不可预测，不可能有现成的模式和套路因循，教师的专业活动永远处于变动、探索和创新之中。因此，教师的专业发展必然是个持续性和动态性的过程。布莱克曼对教师专业发展的定义：不论时代如何演变，不论是自发的还是受赞助的，教师始终都是持续的学习者，此种学习就是专业发展。

基于此，专业发展应贯穿每个教师的整个专业生涯，永无止境，优秀教师更应如此。优秀是对以往成绩的肯定，是现在立身的基础，更是未来

---

① 刘捷．专业化：挑战 21 世纪的教师［M］．北京：教育科学出版社，2002.

发展的起点，优秀教师必须不断超越、臻于卓越。《国家中长期教育改革和发展规划纲要（2010—2020年）》提出"鼓励教师和校长在实践中大胆探索，创新教育思想、教学模式和教育方法，形成教学特色和办学风格，造就一批教育家"。广东省中小学"百千万人才培养工程"的任务也是"培养教育家型教师"。教师专业发展的最终目标就是努力"成为教育家"，实际上就是在已有的优秀基础上再达到一种新的境界，即本着自身的禀赋、才具、特点与教育积淀，在创造性的实践与探索的过程中形成自己鲜明的专业个性、特质，显示独特的教育价值。李海林教授认为，教师要实现"二次发展"。实际上，教师应该坚持终身发展。所以，作为以往的优秀教师、名教师的培养对象应忘记以往的荣耀，站在新的台阶和起点上，迈步从头越，实现再次发展、终身发展，追求成名师、敢于成名师，朝既定的教育家型的"粤派名师"目标前进。

其次，基于已有的个性，建立自己的教学主张和教育范式。

很多老师为什么在专业上难以持续发展，在发展到某个阶段后就停止发展，有的老师在取得一定成绩后如昙花一现，陷入"一优秀就沉沦"的泥沼，其重要原因就是未找到自身的新的发展点。教师在"优秀"后必须有新的兴奋点、切入点，否则极易陷入目标低迷、激情不再、专业固化的困境。要突破这种困局，必须寻找从我们自身专业发展轨迹中延伸出来、向高处登攀的阶梯。教育是科学更是艺术，是一种创造性的活动。教师必须以创造和个性才能更好地完成这项活动，也只有创造和个性才能让教师感受到工作的幸福，从而不懈地努力追求更高的目标和境界。

优秀教师、名教师培养对象的个性特点在专业生涯中已逐步显现，这正是我们再发展的新的兴奋点、切入点。从此出发，在教育科学理念的引导下，在实践中不断磨砺、丰富、完善，形成并凸显教学特色，体现出有鲜明个性和独特教育价值的教学主张与教育范式[1]，这可以也应当成为我们专业再发展的生长点。拥有个性化和独具教育价值的教学主张和教育范

---

[1] 朱嘉耀．走出一条名师培养的南通之路[J]．江苏教育研究，2011（8）：4-8.

式是优秀教师"教育自觉"的关键性标志，是其成熟成功的核心因素，是其产生和保持影响力的重要原因，是具有影响力的优秀教师与一般优秀教师的显著区别，也是优秀教师走向教育家的津渡。于漪建立了"人文教育"的主张和范式、李吉林建立了"情境教育"的主张和范式，李庾南建立了"自学·议论·引导"的主张和范式……一大批优秀教师，正是不断通过探索和建立自己的教学主张与教育范式，形成自己的鲜明的专业个性、特质，体现独特的教育价值，最终成为著名的教育专家或教育家，登上专业生涯的巅峰。

优秀教师一般已具备娴熟的教学技能、深厚的专业知识和丰富的教学经验，但若没有自己的教学主张和教育范式，也只是懂操作的高级技术员和规定的忠实执行者。当建立起自己的教学主张和范式之后，优秀教师就不仅能以其教学经验、教学特色影响教师，还能以其教学主张，即个性化的教育思想影响、改变教师。就其本人而言，也因教学主张及教学主张下的实践，使自己获得持续的影响力，并不断有新的进展和新的经验[①]。如此，就能从广度和深度上推进教学改革及教师的专业发展。这也是我为什么在项目实施中，把建立自己的教学主张和教育范式作为培养这35位教师的重要抓手的主要原因之一。

再次，自觉地读书、实践、反思、研究、写作。

建立教学主张与教育范式是优秀教师对自己教学实践进行高度理性解析与提升，形成思想成果的过程；建构操作体系，则是将思想物化，将技术经验梳理、搭建、完善，成为教学主张实施的途径、方式的过程[②]。如果将此作为优秀教师再发展的追求，那么如何实现呢？最基本的方式就是自觉地躬身于读书、实践、反思、研究、写作，舍此无任何终南捷径。读书是自我的充实，是与他人的专业对话，是为了有更好的理论指导实践；实践于教学，是教师工作的根本，是教师工作的出发处和归宿；反思是对

---

① 成尚荣．生活在规律中的主人：谈名师成长的方式［J］．人民教育，2009（9）：46-49．
② 同上。

教学实践以自我行为表现及其行为之依据的"异位"解析和修正，进而不断提高教师自身教育教学效能和素养的过程；研究是教师对教育教学，对自己生存、发展意义的不断地探寻、叩问和求证；写作是教师将默会知识向明言知识的转化，是提炼总结研究成果，是理性概括梳理思想……这几个环节周而复始、不断循环，其间每一步骤都可能是一个新的起点，但始终无终点。只要有一个环节被忽视和省略，优秀教师的发展都会固化、停滞不前。例如，教而优则仕，离开了教师的工作场——课堂实践，还能再发展吗？又如，教而不思、思而不研，则永远只能是一个优秀的"教书匠"。哪一位教育专家、教育家没有自己的著述？古今中外，成为教育家的优秀教师无谁能舍弃这一路径，无谁能跳过其中的哪一环节。因此，优秀教师一是应信奉而坚持这一方式，并在自己的专业生活中努力践行，持之以恒；二是要把每一步骤都做到充分扎实，绝不走过场做花样；三是用研究、思考来串联整合整个循环，使每一环节都张扬着思想的力量。如此，优秀教师新的发展目标就有可能实现。因此，我们"百千万人才培养工程"名师培养对象，必须把"读书、实践、反思、研究、写作"作为自己接受培养期间，乃至终身发展的基本方式。我们要求老师们大量阅读、研究课题、发表论文、出版专著，出版本套培养对象系列专著，也正是基于这一点。

最后，保持正确的专业自我，葆有永久的信念和激情。

许多著名教育专家在总结自己一生的教学生涯时特别强调教育信念和激情在他们专业再发展中的价值和意义[1]。原联合国教科文组织国际教育规划研究所负责人库姆斯认为，"使教师成为优秀教师的，不是……而是教师对学生、自己、他们的目的、意图和教学任务所持的信念"[2]。而教育激情"可以产生一种推动性、激励性的力量"，"在某种意义上，激情确实

① 柳斌. 中国著名特级教师教学思想录［M］. 南京：江苏教育出版社，1996.
② 库姆斯. 教育改革的新假设［M］//瞿葆奎. 教育学文集·国际教育展望. 北京：人民教育出版社，1993.

是教学的关键"①。正确而合理的教育信念、自始至终的教育激情是教师顺利成长和完善教学实践的重要保证。雅斯贝尔斯强调，"教育须有信仰，没有信仰就不成其为教育"，"教育，不能没有虔敬之心，……缺少对'绝对'的热情，人就不能生存，或者人就活得不象一个人，一切就变得没有意义"②。

　　教师工作是一种基于信念的行为，这也就意味着信念和激情是教师专业发展的动力，这种发展是自发、真诚、内源性的发展，也是基于生命的灵动与热力高度自觉的发展，而非出于外在强制和纯粹基于个人私利，机械麻木与冷漠盲目的发展。无论是力辞官职、执着教坛的斯霞，还是不求闻达、但求学术的李吉林等名师，他们在成名后，也即优秀后并未就此止住前进的脚步，而是更加努力地跋涉，凭着信念和激情演绎自己的人生价值和理想，成为成功教师的典范。因此，教师在取得一定成绩，显示优秀的品质后，其专业自我应当在更高水平上提升，从而使其专业人格完整而和谐；应坚守信念永葆激情，认识到"优秀"只是检验自身发展的一个尺度，自己永远处于一种"未完成"的状态，永远是在专业发展的路上，从现实的种种束缚及身体和心灵的各种禁锢中解脱出来，不断反省自己的专业自我，从中发现内在的冲突，祛魅头顶优秀光环，克服自我惰性、自我满足和自我功利，实现自我突破，在不断协调冲突的过程中把生命提高到新的层次，以自身的智慧更新对世界的理解，从而发现新的发展可能性和追求新的成长目标。

　　因为优秀，所以要走得更远。教育家来自教师，尤其是优秀教师。当优秀教师能够克服"优后"专业固化难题，实现专业再发展，走得更远的时候，国家、社会和人们期待的"造就一批教育家"的目标也就指日可待了。这也是我对广东省中小学"百千万人才培养工程"初中文科名教师培养项目的期待，对 35 位年轻而又优秀的初中教师的厚望。

---

① FRIED R L. The Passionate Teacher：A Practical Guide［M］. Boston，Mass：Beacon Press，1995.

② 雅斯贝尔斯. 什么是教育［M］. 邹进，译. 北京：生活·读书·新知三联书店，1991.

　　我还要说的是，作为项目的主持人和导师组组长，我将在教育主管部门、省项目办和所在培养机构岭南师范学院的指导下，和导师团队及项目管理团队一起，坚持培养标准，强化专业引领，尽量做好服务，为老师们的成长扶一手、拉一把、送一程，让老师们走得更快、走得更稳、走得更远。

　　这就是在广东省中小学"百千万人才培养工程"初中文科名教师培养对象系列专著出版之际我想说的话，和诸位未来名师共勉。热烈祝贺广东省中小学"百千万人才培养工程"初中文科名教师培养对象系列专著的出版！热切期盼广东省中小学"百千万人才培养工程"初中文科名教师培养对象早成"粤派名师"！

李斌辉

2022 年 9 月 23 日于岭南师范学院

前　言

在经济全球化快速发展的今天，英语已成为连接世界各国的桥梁之一。掌握英语不仅是为了满足学业上的要求，也是为了打开通向广阔世界的大门。英语阅读，尤其是整本书阅读，对于培养和提升学生的英语综合能力具有显著效果。

虽然英语教学在初中阶段占据重要地位，但许多学生的阅读能力和兴趣仍有待提高。造成这一现状的原因多种多样，主要在于部分教师尚未找到能够切实激发学生阅读兴趣、有效提升学生阅读能力的教学方法。因此，本书选择从整本书阅读的角度切入，力求探索一条新的教学路径。

整本书阅读与传统的篇章或片段阅读有着本质的不同。它要求学生能够持续、深入地投入一本书的阅读中，从而更全面地理解书中的内容、情感和思想。这种阅读方式不仅能提升学生的语言能力和阅读技巧，还有助于培养他们的思维品质、文化意识和学习能力。

本书首先从理论上深入阐述了整本书阅读的重要性和必要性，并明确了整本书阅读在初中英语教育中的重要地位。从实践层面详细探讨了在发展学生核心素养的前提下，如何有效地进行初中英语整本书阅读教学。本书还提出了一系列的实践要求，如精选阅读书籍、制订阅读计划、高效利用阅读时间以及学习阅读技巧等，可以帮助学生养成良好的阅读习惯。

此外，本书强调了教师在整本书阅读教学中的关键作用。教师不仅是知识的传授者，更是引导学生走进阅读世界的重要人物。教师需要运用自己的专业知识和教育智慧，帮助学生感受阅读的魅力。因此，本书特别探讨了教师应如何更好地发挥指导和引领作用，以及如何利用现代教育科技手段来辅助教学，从而更有效地提升学生的阅读能力。

值得一提的是，本书还特别强调了多元化阅读的重要性。鼓励学生在阅读过程中尝试不同的阅读方式和材料，以丰富他们的阅读体验并拓展他们的视野。这不仅有助于提升学生的阅读能力，而且有助于培养他们的创新思维和跨文化交际能力。

在这个信息爆炸的时代，阅读能力的重要性不言而喻。通过整本书的阅读训练，学生不仅能有效提升英语能力，还能开阔视野、丰富心灵、塑造品格，这正是笔者写作的初衷和愿景。期待与广大读者一起在英语阅读的海洋中遨游，共同成长、共同进步。

肖巧韵

2024 年 10 月

目　录

第一章

初中英语整本书阅读

整本书阅读作为一种阅读教学方法，强调阅读的整体性——整体输入、整体互动、整体输出。它可以丰富学生的阅读视野，拓展学生的阅读空间，有助于学生积累阅读素材。教师通过探索有效的方法来丰富学生的阅读实践，提高学生的阅读能力。在初中英语教学中推进整本书阅读，有助于锻炼学生的思维品质，培养学生的表达能力，帮学生形成良好的阅读素养。

第一节　当代初中英语教育教学

初中英语教学需要紧密结合时代要求，教师也需要不断学习和探索，以更具前瞻性和创新性的方式推动初中学生英语学习能力的全面提升，从而适应初中学生的个性发展需求和当代教育发展的趋势。

一、英语教育教学改革的重要性

英语教育教学改革是适应时代发展、提高教育质量的重要举措，对学生的个人发展和社会的进步具有重要意义。在英语教育教学改革中，教师应尊重学生的认知发展规律，不断提升学生的英语文化素养，以促进学生的全面发展。

英语教育教学改革的重要性体现在多个方面。首先，改革可以提高英语教学质量，增强学生的英语应用能力，使他们更好地适应社会发展和国际交流的需求。其次，改革可以优化课程设置，使课程内容尽可能来源于真实生活，贴近学生生活实际。此外，改革还可以促进教师专业水平的提高，使教师掌握新的教学理念和教学方法，从而更好地指导学生进行英语学习。

在改革过程中，教师需要更新教学观念，改变传统的教学模式，注重增强学生对学习的兴趣和实际的英语应用能力。此外，改革还要求教师采用更加生动、有趣、互动性强的教学手段，以激发学生的学习兴趣和积极性，关注学生的个体差异，加强对学生学习过程的评价和管理，并根据学情提供个性化的教学服务。

现代教学强调通过与他人的交往和互动实现学习与发展。初中阶段的学生思维活跃，语言能力的发展正处于黄金时期。因此，提供良好的交流与学习环境，营造和谐的师生关系，不仅有利于学生语言组织能力的发展，也有利于提高课堂教学效率和增进师生之间的感情。在语言类学科的教学中，教师作为中介具有先天的优势，可以担任"支架"的角色，充分发挥支架效应，鼓励学生自主学习语言，自主开展形式多样的对话，并沿着任务型教学的轨道展示学科教学的新特色。

二、现代英语教学强调激活学生学习英语的兴趣

教师提高课堂效率的前提条件是提升学生在课堂教学中的参与度。要让学生主动、积极地融入课堂，并在思考问题时保持主动。这就需要教师激发学生对英语学习的兴趣，改变传统课堂上学生害怕教师、害怕提问、害怕上台的状况。在课堂学习中，学生是学习的主体，教师应当使学生能够主动发挥自己的潜能，激发学生对英语学习的兴趣。目前，较好的方式是采用游戏活动法。游戏符合初中学生的活动需求，能够调动学生参与到教学实践中，使学生在玩中学习，在玩中有所收获。

三、依据学生的生活创设教学情境

创设英语教学的课堂情境，激发学生学习英语的兴趣，教师需要了解学生的生活，了解他们在日常生活中普遍喜欢什么，更容易接受什么。教师应基于学生的生活实际来创设教学情境，以更好地激发学生对英语学习的兴趣。

在学习英语中的天气表达时，教师可以引导学生就当天的天气进行对话。由不同的同学扮演 Joe 和 Tina。对话如下：

Joe：How's the weather there today?

Tina：It's really cold. It snowed all day, and the schools closed early.

Joe：What's the temperature?

Tina：It's 30 degrees now. It was even colder this morning.

Joe：Have you heard what the weather is going to be like tomorrow?

Tina：I was watching the news a little earlier. They said it's probably going to snow tomorrow.

Joe：I really don't like the winter.

Tina：Me too. How's the weather where you are?

Joe：It's not too bad, but it's pretty cold here too. I heard it's going to be a little warmer tomorrow.

初中生对与生活相关的课堂教学情境兴趣较高。例如，他们对有关天气的对话充满了兴趣，这使得课堂效率显著提升。由此可见，情境教学在激发学生英语学习兴趣方面具有较好的效果。因此，教师应灵活运用情境教学，

提高教学效率，增强学生与课堂的融合度。

四、将展示性问题与参考性问题相结合

教师作为教学组织者，应引领高效课堂的构建，通过一个个生动的问题让学生理解课程的重点，掌握学科的学习规律，了解英语的语言文化。一般来说，可以把课堂问题分为两类：一类是展示性问题，即提问者已经知道答案的问题；另一类是探究性问题，即提问者并不知道答案的问题。展示性问题的提问目标在于考查学生是否了解某一客观知识、是否能够较好地运用该知识，而探究性问题则着重培养学生的想象力和思辨能力，为学生提供阐述理由的平台。在引导教学过程中，教师可以将这两种问题结合使用，并以探究性问题作为提问的主要方向。

例如，在教授"Hot Snake"这一课时，教师可以提出学生急于想知道的问题："What caused the fire?"让学生带着这个问题进行自主阅读。阅读之后，教师可以根据阅读材料，启发学生思考："How can we prevent fires from breaking out in our daily life?"

五、设立多元的学习目标

教师应以教学目标引导替代对学生的强制性指导，利用目标效应让学生明确学习方向，激发学生的学习动机。英语作为一门人文学科，其教学目标不仅限于认知，还包括语言运用能力和情感表达能力。传统的"背单词"式教学法已经不能满足教学要求，教师对学生的束缚越多，学生的求知欲望就越低。因此，教师应借助篇章和真实情景来引导学生。首先，要了解学生的学习需求、兴趣爱好和个性特点，再根据不同学生的能力设定不同的教学目标，以期每个学生都有进步和收获。

例如，对于那些英语基础较好的学生，教师可以采用目标延伸的策略，将教学目标与课外自主阅读相结合。教材是预设的学习材料，对英语学习的作用是有限的。在自主学习模式中，教师应鼓励学生广泛阅读课本以外的学习资料，作为教材内容的补充。教师要认识到，语言是文化的载体，外语教学不仅是语言技能的训练，更是对某种教学内容的传授。教师做好教学目标的课外延伸，有利于鼓励学生积极参与课堂讨论和课外实践活动，有利于培

养学生的自主学习能力和创新精神，并促进学生的全面发展和健康成长。

六、初中英语碎片化阅读现象较为突出

初中英语日常阅读教学材料大多是散点式、碎片化的内容，文章短小精悍，零散的信息难以构建系统性的知识结构，学生难以深入理解文章的主题、背景和内涵，导致对知识的片面理解。这在很大程度上制约了学生的英语阅读能力。在这种情况下，学生英语阅读的目标仅限于获取新单词、新词组和完成作业，容易形成片段化的阅读习惯，缺乏持续深入思考和探索的能力，导致学生英语阅读的质量大幅下降，更谈不上深度阅读和系统性学习，进而提升学习效果和阅读素养。

《义务教育英语课程标准（2022 年版）》（以下简称"新课标"）出台后，单元整体教学受到了广泛关注。新课标要求教师在课堂教学活动中摒弃碎片化的教学模式，应从单元主题的整体出发设计教学内容，组织教学活动，着力探究大单元、大概念教学的新模式和新方法，从而推动英语教学向结构化教学转变。然而，目前初中英语的整本书阅读仍处于初步的探索阶段，既未达到普及的目标，也缺乏一套完整、科学、合理的教学体系。与此形成鲜明对比的是，语文课程的阅读课取得了可喜的成果。很多教师认为，通过整本书阅读来提高学生的语言能力，比死记硬背和题海战术收效更大。他们更提倡用整本书来培养学生的语言能力。然而，在初中英语课堂上，一些教师只顾赶教学进度，担心阅读会浪费课堂教学时间，对学生缺乏有效的指导，这导致学生遇到阅读障碍就无法继续阅读，使得英语整本书阅读在学生中几乎成为不可能完成的任务。

七、积累基础知识有助于深入理解阅读材料

学习是一个不断积累知识的过程，阅读学习也是如此。教师需要帮助学生建立系统的阅读学习体系，不断在阅读中丰富英语知识。无论是基础单词的学习还是语法的学习，学生都需要融会贯通、不断积累。教师应重视学生对词汇和语法等基础知识的记忆，结合课堂阅读教学不断深化学习效果。在阅读过程中，教师应帮助学生在已有知识的基础上，更好地理解阅读材料、获取英语知识，从而培养学生的阅读自信心。

在英语阅读教学过程中，教师需要重视设计贯穿整体主线内容的问题链，这也是阅读教学中的一种重要方式。具体而言，教师需要通过层层深入的问题形式，为学生的阅读提供有效指导，使学生能够有效理解阅读内容，把握基本的脉络和层次，并理解其中的深层次含义。教师还需要提前预设阅读过程中可能出现的问题效果，并结合学生的回答情况，有效调整问题的方向，引导学生在阅读过程中进行更有效的思考。

八、增加学生阅读量，引导学生养成阅读习惯

学生在阅读过程中需要通过增加阅读量，不断积累阅读经验。句型是英语学习的重要组成部分，因此在初中阶段的教学中，需要引导学生重视基础句型和句式的积累。许多英语阅读理解题目并不是严格按照语法规则设置的，这就强调了学生在阅读过程中应重视句式的积累。特别是在一些外国的期刊上，可能会出现许多学生平时没有接触过的语法和句式。学生在阅读过程中可以根据上下文和文章主题猜测其含义，从而增强语感。

阅读是一个长期的过程。在初中阶段，许多学生在阅读过程中容易半途而废，这不利于提高他们的阅读水平。在教学过程中，教师需要调整教学方法，帮助学生逐渐感受到阅读的魅力。只有当学生主动坚持阅读时，才能形成习惯，不断积累知识，从而提升他们的英语学科水平。

九、重视技巧传授

《义务教育英语课程标准（2022年版）》的颁布与实施意味着英语课程将改变长期以来碎片化和模式化的浅层学习，转为强调整合性、关联性和发展性等特征的深度学习。这将成为常态。一般来说，整本书阅读的文本篇幅较长，新单词也多，而课堂时间有限，因此在学生阅读过程中，教师需要尽可能帮助学生掌握一定的阅读技巧。英语材料的阅读方式实际上与语文材料的阅读方式类似，都需要学生在阅读过程中积极思考，并理解其中的深层次含义。教师需要为学生讲解相关的阅读技巧，例如在阅读过程中可以结合语境猜测不认识单词的含义；在阅读过程中及时进行标注，理清思路，并在阅读整体章节后再借助工具书查阅。

教师除了教会学生进行新词释义外，还应当对教学时间和教学活动的设

计进行优化。例如，通过梳理故事脉络、阐释插图与标题、推理话外之音等方式，培养学生的阅读习惯；加强整本书阅读教学内容选择的科学性，最大程度地发挥学生学习的主动性，提高学习效率。

课堂上，教师可以预留一定的时间，带领学生一起开展阅读活动。在这个过程中，教师可以设置一些问题，以进一步提高学生的阅读专注度，使他们的思维活动与阅读过程同步进行。静默阅读不仅是保障基本阅读时间的有效方式，也是帮助教师了解学生阅读情况的一种途径。

十、在阅读教学中提升英语综合素养

阅读是初中英语教学的重要组成部分，学生需要积极阅读、认真阅读，以逐步提高自身的阅读水平。在初中英语教学过程中，教师应以培养学生的阅读能力为主要目标，创新教学理念，从整本书阅读策略入手，提升学生的阅读素养。通过在初中英语教学中运用整本书阅读策略，可以促进英语阅读教学质量的提升。为适应当前核心素养教育的培养目标，教师在教学中要注重理论与实际的结合，改变过去过于强调知识传授而忽视能力训练的教学观念，全面提升学生的英语素养，突破"哑巴英语""文化失语"的教学困境，使学生的阅读学习得以真正完成。

在初中英语课程教学中，教师应加强对学生文化素养和审美素养的培养。通过合理安排整本书的阅读，培养学生发现美、挖掘美、欣赏美和感受美的能力。

教师还应注重培养学生的英语文化素养。通过整本书的阅读，学生可以锻炼英语听、说、读、写等技能。教师可根据学生的英语水平和兴趣选择合适的阅读材料，如小说、传记、科普文章等。完整的读物可以帮助学生理解英语文化，了解特定的文化背景和社会背景，有助于提高学生的英语综合素养，促进学生的全面发展。

第二节 初中英语整本书阅读的认知

当代社会在不断地发展和进步，教育领域也受到了积极的影响。在"新课改"的背景下，中考越来越注重考查学生的阅读水平。因此，在教师进行

阅读教学时，整体教学的重要性逐渐凸显。根据新课标和英语核心素养的要求，英语阅读的重要性日益突出。单靠课本的阅读材料远远达不到新课标对阅读量的要求。碎片化和片段式阅读严重影响了学生良好阅读习惯的养成，也不能很好地训练阅读策略、提升语言能力。因此，开展整本书阅读势在必行。

一、整本书阅读教学的现状与内涵

（一）现状

阅读是人们获取信息的主要途径之一，也是英语教学的目标之一。整本书阅读是一种新的英语阅读方式，能够丰富学生的课外英语阅读渠道，提升学生的英语阅读能力。然而，在实际应用过程中，这种方式常常无法激发学生的阅读积极性，从而对教学的开展造成了一定的阻碍。此外，一些教师的教学重点仍然停留在知识传授层面，导致学生的阅读能力较弱，难以完成整本书的阅读。针对这一问题，教师需要采取多样化的阅读教学策略，培养学生的阅读思维和能力，从而提升他们的综合素质。

阅读是英语学习的关键能力之一。如果说听和读是初中英语学习中输入理论知识的过程，那么说和写便是检验学生英语能力的过程。近年来，初中英语教师逐渐重视培养学生的英语阅读能力，并在阅读教学中进行了许多教学改革，力求获得更优良的教学效果。其中，整本书阅读教学便是一种重要的教学方法。但从对现阶段初中英语整本书阅读教学情况的调查来看，初中英语整本书阅读教学呈现出以下问题：

1. 整本书教学在信息量方面具有一定的局限性

受到各种客观和主观因素的影响，尽管越来越多的初中英语教师已经注意到整本书阅读对培养学生英语阅读能力的推动作用，但在实际应用中仍然缺乏足够的科学性。主要体现在教师选择整本书作为阅读书目时，没有认真考虑阅读内容的合理性，导致学生不愿意阅读，从而影响了相关教学活动的开展效果。此外，还有部分初中英语教师在选择阅读教学内容时忽视了连贯性和完整性，他们选择的语篇教学载体往往是一些孤立的篇章，信息量有限。从思维发展以及能力的长远提高来看，孤立的语篇无法为教师提供良好的教学支持，从而导致对学生思维广度和活跃度培养的不足。

2. 整本书阅读教学在核心素养的培养上具有不均衡性

在实际教学过程中，部分教师仍然将教学活动局限于引导学生理解篇章主旨、掌握段落大意、明确篇章结构和作者态度等环节。尽管这一过程对提升学生的思维能力有所帮助，但从英语语言阅读能力的长期培养来看，学生的语篇思维能力发展不够全面，因此难以开展以核心素养为目标的英语教学活动。

（二）内涵

简单来说，整本书阅读主要以整体性阅读为主，采用"整进整出"的方式。学生通过观察封面和封底，快速了解书籍的信息。接着，教师引导学生阅读某些重要章节，提出问题、制造悬念，引导学生自主寻找答案。这样既增强了学生持续阅读的兴趣，又帮助他们逐步形成良好的阅读习惯，达到了激发兴趣和提高效率的目的。

教师在给学生上课时，需要注意在课堂上创设良好的英语语言环境，并多给学生一些表现的机会，使学生能够通过自身的学习、参与和交流有效地积累经验。教师需要改变以往的阅读教学方法，及时进行创新。教师应在教学目标的指导下，通过创设主题情境，设计学习理解、应用实践、迁移创新等一系列循序渐进的教学活动，以篇章整体为起点，促进学生对语言知识和文化知识的理解，引导学生联系生活实际，灵活运用语言。教师还需要在教学过程中认清自身的位置，与学生建立平等的关系。如此一来，才能有效激发学生的热情和自主能动性，发挥学生的潜在能力，将以往无趣的阅读课程变得有趣。

英语是一门语言。学习语言的作用之一就是通过阅读丰富学生的认知，引导他们了解英语文化。然而，一般课堂的阅读教学过于注重词汇和语法训练，这种阅读教学方式过于枯燥乏味。在这种教学方式的影响下，初中英语教学的成果往往不尽如人意。相比之下，整本书阅读不仅契合了语言使用的形式，还促进了课堂学习氛围的和谐和轻松。教师指导学生阅读整本英语读物，可以使学生更为直观地接触和感受英语，提高学生对英语学习的积极性和兴趣，从而增加学生的英语阅读量，为更好地进行英语学习奠定坚实的基础。其次，教师通过整本书阅读的方式，可以使学生在自行阅读和思考中接触到课本中曾经学习过的词汇和语法知识，能在潜移默化中加深学生对所学知识的理解与记忆，使学生在不经过繁重作业练习的情况下提高对知识的掌握程度，更好地契合"双减"政策的实质要求。经过大量阅读，学生不仅能在英语知识上得到提升，在其他方面也会得到丰富，从而提高自身的综合素质。

二、初中英语整本书阅读教学的意义

美国语言教育家克拉申教授提出过"窄式输入"的语言学习方法，即对某一作者或某一题材的作品进行专题阅读，这样可以提高阅读质量，改善阅读效果。整本书的阅读也是一种窄式输入，连贯的语篇语境可以巩固词汇记忆，提高阅读速度，使学生的注意力从语言转移到内容，从而提升阅读兴趣与成就感。

目前，英语阅读教学存在一些问题，如学生的知识面不广，难以理解文章中的文化内涵，难以深入理解文章的主旨和情感；教师只注重词汇和语法的讲解，忽略了培养学生的阅读能力和语感，忽视了学生的主体地位等。

新课标要求教师要重视培养学生的语言运用能力。新课标明确提出，教师要注重对学生进行学习方法的指导，使学生学会自主学习，并引导学生自我反思，根据自身情况及时调整学习方法。教师需要有效培养学生的整本书阅读能力，并相应地开展阅读课程。

对于初中生来说，提高英语成绩并不仅限于课堂学习，也不仅仅是通过多做几道题来实现。英语语言的发展有其自身的规律，学生需要在不断地积累和运用中提高英语的应用水平。作为初中英语教师，不仅要传授学生必要的文化知识，还要引导学生掌握英语学习的方法。整本书阅读是一种非常有效的英语教学方法，可以激发学生的情感并丰富他们对西方文化的了解。许多学生在理解英语阅读材料时感到有一定的难度，尤其是对于一些议论文和说明性文体，其中可能会出现不熟悉的词汇和语法，从而导致阅读障碍，最终影响阅读理解效果。整本书阅读能够帮助学生找到与作者思维碰撞的契机。起初，学生可能对作者的语言表达存在误解，但随着逐步深入的阅读，他们会逐渐拨云见日。虽然读完整本书需要较长的时间，一个学期可能只能完成三到四本书的阅读任务，但学生在集中一段时间专注于一本书时，能够更好地建构阅读方法并养成良好的阅读习惯。

三、初中英语整本书阅读教学策略

（一）促进学生进行自主阅读

教师在开展阅读课程时，应根据英语课本的特点和学生需要学习的知识，为学生们制作一个系统的学习表格。主要目的是向学生提问，引导他们带着问题阅读篇章，寻找相应的答案，并深入理解篇章中的段落和人物形象，从而充分发散学生的思维。

比如，学生在学习某一课内容时，教师可以引导他们进行整本书的阅读。教师可以为学生们制定一个任务型表格，让他们在阅读书籍的同时，完成表格中的任务。这样，学生就会对书中的内容有更深刻的理解，阅读水平也会大幅提高。

（二）采取小组的形式，让学生自行展示

教师可以采用小组的形式，让学生在小组内进行探讨和沟通，这有助于学生将英语表达和思考作为一种习惯。这样可以有效激发学生的积极性，增强他们的参与感。

例如，教师在指导学生学习英语小说时，首先可以将学生分成不同的小组，每组四人，以便学生在小组内互动，使用英语进行交流。其次，教师可以让学生描述所阅读书中的故事，或者分享自身经历中令人难以置信的事情。这样一来，不仅可以活跃课堂氛围，学生也有了充分展示自己的机会。

初中英语是一门基础性学科，在中考中占有较大的比重。培养初中生的英语阅读能力，不仅能够提高他们的英语运用水平，还可以让他们了解更多的西方文化，并掌握如何正确地运用英语词汇和句式。为了扩大学生的阅读量，提高他们的阅读水平，促进他们深入学习英语，教师可以鼓励学生进行整本书阅读活动，并在小组内分享。通过教师的引导，以及学生之间的相互点评和角色扮演等活动，可以提升学生对整本书阅读的兴趣，丰富学生的语言素材，同时也让学生投入情感，进而养成良好的阅读习惯。

（三）教师推荐具有阅读价值的书目

初中生阅读整本书，必须符合其年龄特点。阅读内容不能晦涩难懂，也不能缺乏趣味性，要让学生读得津津有味。教师必须精挑细选，综合考虑书籍的词汇和句式难度，从书籍的教育意义、故事背景、情感态度等方面进行选择。

阅读书目的选择可以参考国外一些中学的做法，选择那些初中生喜爱阅读且语言和思想内容能够传递积极向上的情感态度与价值观的英语读物。这些作品或涉及同龄人，或与学生的生活接近，更容易引发他们的思想共鸣。例如，"剑桥双语分级阅读·小说馆""阳光英语分级阅读""黑布林英语阅读""黑猫英语分级读物""典范英语"都是目前比较符合学生兴趣、身心特点与成长规律的读物。教师开展整本书阅读，可以列出阅读书目供学生选择，学生也可以根据自身水平挑选难度适宜的作品。

从七年级开始，为了保护学生的阅读兴趣，教师可以从学生感兴趣的书籍入手，如绘本或者寓言故事。进入八、九年级后，教师可以挑选一些适合学生水平的英语经典作品，开展整本书的阅读学习。每个学期，师生可以共同选取 1~2 本课外书作为必读内容，而在寒暑假，学生则可以自由选择 1~2 本书作为选读内容。例如，"黑布林英语阅读"图文并茂，将经典小说与当代作品完美结合，能够满足初中阶段不同水平学生的阅读需求。

（四）教师引导学生进行深入研读

初中生虽然自主学习能力有所增强，但他们对整本书的阅读仍存在很大的顾虑。再加上学习时间紧张，如果希望初中生能够坚持阅读整本书，教师需要进行学情分析，并不断地督促和监督。在每个阶段都要列出任务清单，只有当学生在课堂上培养起阅读的兴趣和习惯，才能将整本书的阅读延伸到课外。

整本书阅读的本质在于"读"。许多学生认为阅读就需要记住所有的情节，其实不然。由于学生的整本书阅读还处于初步阶段，他们的理解水平和阅读能力都有限，因此不必有太多任务压力。只要坚持大量阅读，从量变到质变，英语水平自然会提高。教师可以根据阅读书籍的特点，开展听读、略读、精读、专题讨论以及读写结合等活动。

听读是指结合朗读版进行阅读，这样既可以降低阅读难度，又可以将音、形、意相结合，同时提高听力。对于教师指定的重点章节，应当精读、深入研究文本。学生应做好批注和读书笔记，随时记录自己的想法和疑问，以便日后讨论。整本书的内容不可能全部精读，因此需要划分略读部分和精读部分。对于一些经典内容，还要进行专题讨论，让学生针对某一部分开展讨论活动，对故事中的某个人物形象进行详细分析，使学生的整本书阅读活动进展更加顺畅。

在进行整本书阅读的实际过程中，大部分初中生在阅读英语著作时，如果没有教师的指导，仅依靠自己的阅读能力和词汇量，会遇到诸多困难。长此以往，这可能会消磨学生的阅读兴趣，导致学生无法完成高质量的阅读，从而使实际阅读效果与预期存在较大差距。初中英语教师若想保证整本书阅读的效果，就需要向学生渗透合理的阅读方法，以提升学生的阅读效率，帮助他们养成良好的阅读习惯。在开展整本书阅读的过程中，教师应研究阅读策略，并根据本班学生的实际情况进行合理的调整，以确保学生能够掌握有效的阅读方法。首先，教师要带领学生阅读目录和序言，让学生对书籍有整体性的把握，然后采用泛读和精读等方式进行阅读。其次，教师可以通过联系上下文猜测、预测故事发展情节等方式引导学生进行阅读，还可以让学生在阅读过程中记录阅读笔记，绘制故事中的人物关系图，以帮助学生理解故事，确保学生顺利完成整本书的阅读。通过对学生进行阅读方法的指导，提升学生的阅读技能，加快学生的阅读速度，并保证阅读质量，从而锻炼学生的阅读能力。

初中生在学习能力和学习技巧等方面的发展还不够完善，因此教师需要做好引导，防止学生做"无用功"。采用英语整本书阅读这一方法的主要目的在于提高学生的学习积极性，同时促进学生英语综合能力的发展。正确进行阅读，采用科学有效的方式进行阅读，往往在提高学生阅读效率与积极性上起到重要的作用。因此，在学生自行阅读前，教师需要对学生进行正确的引导。在整本书阅读前，通过对作者和故事背景的介绍、对单词的处理及对精彩章节的选读，激发学生的阅读兴趣。为了达到更好的教学效果，教师还需要充分利用一些教学辅助资源，如出版社提供的多媒体资源、图片、视频、音频、PPT课件，还有相关的影视作品、作者背景知识的材料、故事插图等。

整本书阅读的重点在于教师通过传授学生阅读方法来提升学生的阅读能力，而非强调阅读的数量。因此，教师需要结合课上与课后的情况，针对学生的特性为其制订合理的阅读计划，并给予相应的阅读指导，以帮助学生提升阅读技巧，进而自主地进行阅读与吸收。

（五）科学规划，培养阅读习惯

阅读是一项需要持之以恒的工程，切忌三天打鱼两天晒网。因此，选定书目后，教师应做好阅读规划，例如读完一本书大概需要多长时间，每天读多少页。一般来说，教师可以要求学生每周阅读不少于 5 次，每次不少于 20分钟。为了监控学生的阅读进度，教师还可以要求学生在阅读的同时完成相应的阅读任务。对于寒暑假的自选书目，阅读任务可以是填写所有章节通用的阅读积累表（图 1-1），每天积累几个好词好句，并背诵下来，使其成为内化的知识，从而促进学生英语成绩的提高。

```
READING   RECORDBOOK
BOOK TITLE（读物名称）：_____
CHAPTER（章节标题）：_____
DATE（记录时间）：_____
PART 1 Vocabulary accumulation（摘抄 10 个你最喜欢的单词和对应的句子）
_____
_____
_____
PART 2 Sentence accumulation（列出至少 5 个你最喜欢的句子并背诵）
_____
_____
PART 3 Favorite character（你最喜欢的角色）
_____
PART 4 Favorite scene（你最喜欢的场景）
_____
```

图 1-1　阅读累积表

（六）共建氛围，享受阅读乐趣

为营造良好的阅读氛围，首先，教师应该加入学生的阅读行列，成为他们的引领者和指导者。例如，在每天的英语课上，教师可以挤出大约 5 分钟的时间，与学生分享前一天的阅读成果，交流阅读心得，对按时完成阅读任务和积极分享的学生给予适当的表扬和鼓励。其次，教师可以开展一系列课外阅读活动，以提高学生的阅读积极性，例如词汇大赛（词汇主要来源于本学期整本书阅读的书目）、整本书阅读手抄报比赛、思维导图比赛、优秀摘抄本评比等。一旦形成阅读氛围，学生将对阅读更加感兴趣，他们的阅读也会更加持久。

（七）借助不同课型，提升阅读策略

为了更好地开展英语整本书的阅读学习，教师可以从"导读课""精读课""分享课"等不同的阅读教学课型入手。

1. 导读课

确定书目后，教师需要开设一节导读课，旨在通过引导激发学生的阅读兴趣，并帮助他们掌握一定的阅读技巧。导读课可以从书本的封面入手，介绍该书的作者和主题，让学生通过书名和封面的插图预测该书的内容；还可以利用书目本身安排的读前任务进行导读；或者借助同名电影的精彩片段进行适当的"剧透"，设置悬念，激发学生进一步阅读的欲望。

2. 精读课

精读课本应是英语整本书阅读的核心环节。然而，由于许多学校英语课程中没有安排整本书阅读的时间，一般将精读安排在课后完成。教师通过导读方案进行指导，并在每天的课堂上利用几分钟检查学生的落实情况，同时指导阅读策略。例如，指导学生在遇到生词时可以通过上下文猜测词义，预测故事情节的发展；边读边做简单的阅读笔记；绘制简单的人物关系图等。通过对这些阅读策略的指导，使学生在进行整本书阅读时更加顺畅。在不断积累阅读技能的过程中，学生的阅读速度和质量自然会得到提高，这对学生综合阅读能力的提升具有重要的促进作用。

3. 分享课

在学生阅读完一本书后，教师通常会组织形式多样的读书分享活动，如舞台剧表演、电影配音、故事演讲、经典名句诵读、英语读后感征文等，为学生提供展示自我的机会，营造知识输出的氛围。

（八）做好正确的阅读导向

课外阅读离不开课堂教学的支持。在开展整本书阅读的过程中，教师需要掌握学生的阅读水平，并提出指导建议，完成阅读导向工作。在传统的英语课堂中，教师通常通过提问了解学生对阅读文本的掌握情况，并根据学生的回答确定下一阶段的阅读教学目标。在整本书阅读的过程中，教师也可以通过提问的方式，引导学生明确阅读方向，鼓励学生带着问题进行阅读，并在完成阅读后进行线索梳理，提炼出篇章的主题思想，从而提高阅读的整体效率。例如，在阅读 *Alice in Wonderland* 这本书时，教师可以通过提问帮助学生完成整本书的阅读。这本书主要讲述了爱丽丝进入奇妙梦境的故事。在课堂阅读教学中，教师可以提问学生："这本书主要讲述了什么故事？你最喜欢书中的哪个人物角色？请说明原因。"这些问题能够在阅读过程中引导学生有目的地阅读，从而培养学生的阅读能力，提升英语阅读的效果。

（九）开展丰富的阅读交流活动

在英语整本书阅读过程中，学生的思维方式各不相同，存在个体差异，这导致他们对书中内容的理解和想法有所不同。教师可以定期开展图书交流活动，通过不同思维的碰撞，加深学生对整本书的理解，丰富他们的阅读体验，从而提升阅读效果。例如，在阅读 *Walnut Farm* 时，教师可以在阅读课上组织阅读交流活动。首先，可以根据学生的阅读能力进行分组，确保每个小组内有不同阅读水平的学生。然后，通过小组阅读的方式，分配不同的阅读内容，并在小组中交流阅读方法，分享学生对不同段落的阅读想法。这样，学生在讨论与思考中能够提升整本书阅读的效果。

为了选择合适的读物、进行科学的阅读引导以及提高学生的阅读能力，教师需要研读相应的英语书籍，综合考量整本书的阅读难度与特点，为学生选出与课程联系最密切、与学生特点最契合的读物。此外，教师应根据读物的难度与内容为学生制订阅读计划，并提供相关指导。通过师生共同阅读同一读物，教师可以更全面地考量学生的阅读成果，并根据学生的反馈掌握他们对读物以及课程相关知识的理解与掌握情况，从而对学生的阅读进行更科学合理的指导和方法改进。此外，师生共同交流读后感，不仅能促进师生之间的情感交流，还能加深教师对学生的了解，为今后的整本书阅读计划的制订提供帮助。

初中英语整本书阅读教学的目标是在减少学生作业负担的基础上，推动学生丰富英语知识，培养综合素质。教师选择与教材课程相关并与学生兴趣相契合的英语读物，让学生自行阅读，并在必要时提供引导。

第三节 初中英语整本书阅读的重要性

一、整本书阅读有助于学生全方位成长

（一）提高学生英语阅读能力

在整本书阅读的过程中，教师应引导学生从全局的视角出发，对读物的内容、写作技巧、情境构建等方面进行深入探讨。同时，教师还要鼓励学生通过查询网络资源、字典以及图书馆资料等途径解决各种问题。在阅读教学中，教师不仅要关注学生的认知发展，还要关注学生的学习动机。通过有效的评价体系，改进教学模式，使各个层次学生的阅读能力都得到提升。

阅读教学是培养学生英语语言能力的关键环节。通过阅读教学，学生能够从语言文字中获取和理解相关信息，从而提升思维水平和认知能力。与传统的语篇阅读教学相比，整本书的阅读教学为教师提供了丰富的教学资源，为学生创造了更加完整的语言学习环境。在大量语言文字内容的支持下，学生能够充分调动自己的学习积极性，运用学习策略深入理解和掌握阅读内容，并从整体上理解文本思想和作者态度。

（二）促进学生英语成绩提高

按照新课标的要求，初中英语升学考试注重考查学生对语言信息的处理能力。阅读文章属于阅读能力的考查范围，其分值在中考中占有绝对的比重。由此可见，英语阅读教学是举足轻重的。阅读能力的提高不仅能使学生从容应对考试，还能让学生在整个阅读过程中更好地训练自己的组织能力，为写作打下坚实的基础。

（三）激发学生英语阅读兴趣

学生进行整本书的阅读，能够形成良好的阅读习惯，并能有效地促进思维能力的发展。与课堂上的阅读教学内容相比，整本书阅读的课外读物让学生在内容选择上更加自由，从而自然而然地对英语阅读产生兴趣。

（四）提升学生英语阅读质量

在英语教学中，教师通常会将重点放在词汇、句型和语法等方面。由于教学时间有限，教师在教学过程中往往对阅读的主题和意义一语带过。随着时间的推移，学生的整体思维和思考能力可能会逐渐减弱，阅读质量也可能下降，学生不一定能达到教师预设的教学目标。教师应创设轻松愉快的学习环境，倡导整本书阅读的理念，促使学生不断进行思考和求知，从而有效地提高学生的思维能力和阅读质量。

（五）发展学生的英语核心素养

"核心素养"理念的提出以及《义务教育英语课程标准（2022 年版）》的日益完善，对初中英语教学提出了更高的要求——将传统的知识传授型教学转变为语言交际运用型教学。发展学生的核心素养是英语教学的目标之一，也是培养学生综合语言运用能力的重要手段。通过阅读整本书，学生能够通过书中的内容感悟篇章的思想，增长见识，不仅可以提升自身的阅读和写作能力，还可以对英语学科进行持续有效的学习。

（六）体现学生的英语阅读本质

从核心素养理念来看，阅读应当成为学生主动选择的活动。在传统的初中英语语篇教学过程中，教师往往引导学生带着特定目的进行阅读，学生的阅读活动不够自主，以解决问题为主要目标，并未在相关能力和情感态度上获得提升。而在整本书阅读教学中，阅读内容的开放性和多元性能够为学生提供更多的阅读空间，使学生能够根据不同的阅读目的调整自己的阅读行为，积极运用所掌握的阅读策略，获得更加丰富的阅读体验，更深入地理解阅读的本质，从根本上提升英语阅读能力。

（七）培养学生的英语思维能力

整本书阅读以大量的文字材料为基础，学生在学习过程中需要对篇幅较长的文本进行处理和理解，并在此基础上把握作者的思想和篇章的主旨。这个过程更能考验学生的整体分析能力。教师在阅读教学中应引导学生利用各种思维方法深入理解整本书的内容，培养学生的思维能力；同时，尊重学生的个体差异，开展不同层次的教学活动。在阅读教学中，不仅要关注学生的认知发展，还要关注学生的学习动机，从而让学生通过整本书的阅读实现思维的调整和能力的提升。

二、初中英语整本书阅读中存在的问题

（一）缺乏目标意识

部分教师对英语阅读课的目标不明确，不清楚知识目标、情感目标和能力目标应达到的具体程度。一节课下来，没有真正解决学生的疑难问题，也没有根据学生的特点和需求设计阅读课。同时，学生对阅读课的目标也不明确。在一节英语阅读课中，学生被动地听和说，几乎没有思考。优秀的学生不能有效运用所学，中等生不善于倾听，学困生则听不懂。

（二）缺乏语境意识

阅读是一个被动接受、理解和加工信息的过程。阅读能力不是一种可以传授的知识，而是需要在实践中通过体验和领悟来培养的一种思维方式。虽然许多教师认同在英语教学中需要进行必要的语言处理，但在实际的课堂教学中，仍然很难摆脱习惯上的"两张皮"做法：即一节课专门处理信息，另一节课专门处理语言。这样的教学安排人为地使语言学习脱离了语境，语言处理过程只有教师枯燥的讲解，没有连贯的逻辑作为支撑，也缺乏"小试牛刀"的语言输出和运用，往往使英语阅读教学陷入困境。

（三）缺乏赏识意识

在阅读教学的语言处理过程中，学生需要通过信息的提炼来感知语言，通过文本的评价来赏析语言，通过思维的提升来运用语言。然而，目前的阅读教学中，部分教师常常不能做到有意识地引导学生欣赏和分析文本中的核心语言，体验并发现语言在"表情达意"结构中的"精、准、美"。

三、基于核心素养理念，在初中英语教学中开展整本书阅读

（一）根据学生知识储备，科学选择课外读物

整本书的阅读教学模式虽然有其自身的优点，但也不能盲目地推荐各类课外读物。应结合学生的知识面、课本的内容、教师的指导等因素，为学生提供一套较为科学、合理的阅读材料。

（二）通过提出悬念问题，激发学生阅读兴趣

在初中英语教学中，要培养学生的阅读习惯并激发他们的阅读兴趣，教师需要运用多种科学的教学手段。在向学生推荐课外读物时，教师可以采用悬疑提问的方式，首先引发学生解答问题的兴趣，然后给他们讲述一些经典的故事，接着让他们自行阅读，从中发现精华所在，从而激发他们的兴趣，提高他们的阅读水平。

（三）讲解指导并用，帮助学生构建框架

教师应该意识到，阅读教学的模式并不是让学生独立阅读所有书籍，而是需要通过教师的讲解和引导，帮助学生建立一个理解框架，从而减轻学生的学习难度。另外，教师还需要适时监测学生的阅读成绩，并进行适当的询问和指导。

（四）开展多元阅读评价，培养学生思维品质

在阅读过程中，学生会产生许多感悟和问题，教师应与学生一起讨论，指导他们对阅读内容进行评估，以培养他们的欣赏能力。在教学中，教师还可以让学生在 10～15 分钟内与同学分享他们所读过的书籍及其评价，并从词汇运用、情境营造、经典段落等方面进行分析，从而增强学生的自信心。

（五）关注书中文化内涵，培养学生文化素养

素质教育是初中英语教学的重要内容。在整个阅读教学过程中，教师要注意学生对书籍中所包含文化的认知，如习俗、生活、思想等。优秀的文学作品不仅能营造良好的文化氛围，还能在潜移默化中引导学生树立正确的文化观念。因此，在阅读整本书时，教师应引导学生关注其中所蕴含的文化意蕴。

（六）提供适宜的教学情景，引导学生自主学习

在指导学生阅读整本书时，教师应挑选合适的书籍，引导学生分析书中的内容。有些初中生可能无法适应整本书阅读的学习模式，比如在阅读时无法集中注意力，或者不能很好地理解书中所表达的意思等。因此，这就要求教师在教学时注意教学方法，使学生对阅读产生兴趣；采用一些恰当的教学手段，并借助工具进行教学，帮助学生理解英语知识，提升学习效率，从而提高学生的英语能力。

（七）制订整书阅读计划表，按计划开展阅读

制订整书阅读计划表并按计划开展阅读，这一方法在初中英语阅读教学中显得尤为重要。由于初中生的注意力难以长时间集中，他们在面对厚重的英语书籍时，容易感到压力和挫败感，从而导致阅读效果不佳，甚至半途而废等情况。因此，教师需要制订整书阅读计划表，引导学生完成整本书的阅读。

教师需要根据书籍的篇幅和难度，以及学生的阅读能力和时间安排，将整本书的阅读任务合理分解成若干部分。每个部分应包含适量的内容，既不让学生感到负担过重，又能保证他们在规定时间内完成阅读任务。这种分阶段的阅读方式能够帮助学生更好地管理自己的阅读进度，避免因书籍过厚或过难而产生畏难情绪。在制订阅读计划表的过程中，教师还需考虑学生的阅读兴趣和个性差异。例如，对于喜欢阅读的学生，可以适当增加每阶段的阅读量，以满足他们的阅读需求；而对于阅读能力较弱或兴趣不高的学生，则可以适当减少每阶段的阅读量，以降低他们的阅读压力。同时，教师可以在阅读计划表中加入一些趣味性的阅读任务，如撰写读书笔记、进行角色扮演等，以激发学生的阅读兴趣。当学生按照阅读计划表开展阅读时，教师需要给予他们适当的指导和监督，并通过课堂讲解、小组讨论等方式，帮助学生理解书中的难点和重点，提高他们的阅读效果。此外，教师还应定期检查学生的阅读进度和阅读笔记，以确保他们能够按照计划完成阅读日志表（图1-2）。

（九）读后讨论关注个性体验，深化阅读认知

读后讨论是整本书阅读过程中不可或缺的一环。它不仅为学生提供了一个分享和交流的平台，也是深化阅读认知、提升阅读效果的重要途径。在阅读完整本书后，学生们通过讨论可以相互启发，碰撞出思想的火花，从而更全面地理解书中的内容和意义。

读后讨论能够促进学生之间的沟通，使他们了解彼此的学习情况。教师也可以通过学生的讨论，深入了解他们的阅读状况，从而更好地指导学生的学习。

（十）丰富课外阅读，拓展阅读视野

教师若要提高学生的阅读能力，就必须注重增加学生平时的阅读量。只有通过丰富的积累，学生才能在阅读和写作时游刃有余。因此，教师应在课

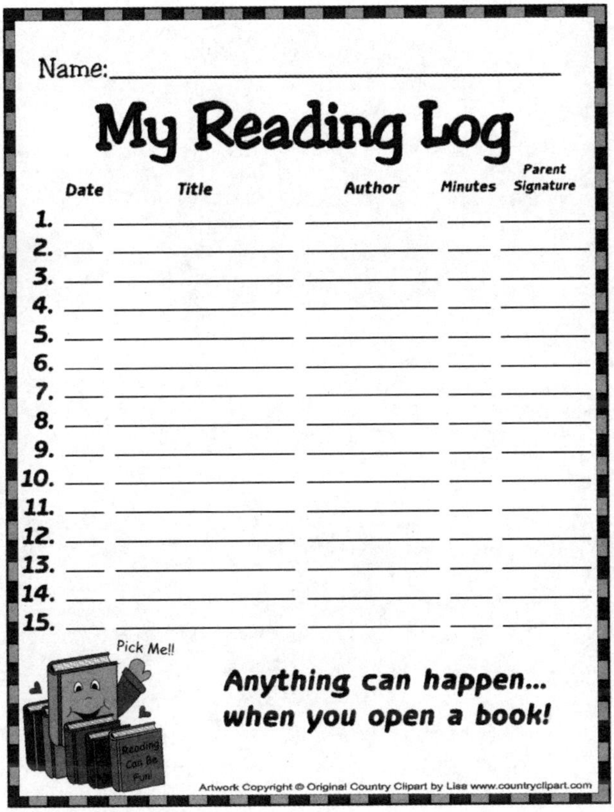

Name:________________

My Reading Log

Date	Title	Author	Minutes	Parent Signature
1.				
2.				
3.				
4.				
5.				
6.				
7.				
8.				
9.				
10.				
11.				
12.				
13.				
14.				
15.				

Pick Me!!

Reading Can Be Fun

Anything can happen...
when you open a book!

Artwork Copyright © Original Country Clipart by Lisa www.countryclipart.com

图 1-2　阅读日志表

堂上向学生推荐合适的课外读物，如英文版的《老人与海》《奇迹男孩》等。

在整本书阅读之后，教师应对表现出色的学生进行鼓励和表扬，逐渐提升他们的阅读兴趣和积极性。同时，可以每周专门安排 1 至 2 节阅读课，让学生在课堂上进行自由阅读，然后在下课前 15 分钟留出时间，供同学们交流自己的读书内容和感想。

（十一）利用好碎片化阅读时间，养成阅读习惯

随着教学体制改革的不断深入，在“新课改”的要求下，传统的教学模式也逐渐发生转变。为了有效提升学生的阅读学习质量，教师可以引导学生充分利用碎片化时间，对整本书进行分次分批的持续阅读。只有不断挖掘碎片化时间，让学生在一天中抽取一定的时间阅读，才能使学生在保证阅读量的前提下，发现英语学习的乐趣，并养成良好的英语阅读习惯。

第二章

英语学科核心素养与英语整本书阅读

英语核心素养是当代初中英语教学的重要培养目标，强调能力的培养。在英语核心素养的要求下，整本书阅读能够提高学生的语言能力，培养学生的思维品质与文化意识，促进学生学习能力的发展，推动学生英语学科核心素养的提升。

第一节　在整本书阅读中提升语言能力

《义务教育英语课程标准（2022 年版）》中的语言能力指运用语言和非语言知识以及各种策略，参与特定情境下相关主题的语言活动时表现出来的语言理解和表达能力。英语语言能力的提高有助于学生提升文化意识、思维品质和学习能力，发展跨文化沟通与交流的能力。

英语教学中，语言能力是一个相对丰富的概念，包括词汇学习、语感训练、口语表达等方面的内容。整本书的阅读，有助于培养学生在词汇和语感等方面的能力。

一、整本书阅读中词汇理解与应用能力的培养

英国语言学家威尔金斯曾经说过，没有语法，人们表达的事物寥寥无几，而没有词汇，人们则无法表达任何事物。词汇教学是中学英语教学的重点和难点。《义务教育英语课程标准（2022 年版）》要求初中阶段除了"了解英语词汇包括单词、短语、习惯用语和固定搭配等形式"外，还对学习领会词汇和活用词汇分别提出了"理解和领悟词汇的基本含义，以及在特定语境中的意义、词性和功能""在特定语境中，根据不同主题，运用词汇给事物命名，描述事物、行为、过程和特征，说明概念，表达与主题相关的主要信息和观点"的要求。常见的词汇教学模式是：教师先将生词写在黑板上，或让学生看课本的词汇表，领读生词，直接告诉学生词义，然后给出例句，让学生记下例句，最后让学生拼写并记忆单词。这样的词汇教学，没有在具体情景中对词语的意蕴和情感展开学习，显得简单而缺乏生命力。初中英语阅读是学生学习英语的重要基础，也是学生积累词汇、掌握记忆能力与学习方法的关键环节。学生应该在轻松愉悦的环境中掌握英语词汇的内涵和深意，增强对英语阅读的兴趣，使英语成为他们的学习优势。

（一）提升英语阅读兴趣，促进词汇学习

兴趣是最好的老师，因此提升学生的阅读兴趣至关重要。相关调查结果表明，如果学生在长期的高压环境中学习，即使教师水平高超，学生的学习

效率也会低下，不利于学生学习。因此，在英语阅读教学过程中，教师要充分激发学生的阅读兴趣，让学生在快乐中掌握知识，从而真正理解每一个单词乃至每一篇文章的深刻内涵。例如，教师在课外应积极发挥自己的能力，编写或寻找有趣的阅读材料，复印给学生进行相关阅读训练，使学生能够自主地在其中找到兴趣。此举也能够锻炼学生处理生僻词的能力，帮助学生通过上下文猜测生僻词的含义，提高对词汇的理解能力。这些能力看似对学生的发展不起决定性作用，但如果长期坚持，可以提高学生的英语阅读兴趣，促进学生高效学习。

（二）利用多媒体技术，更加直观地学习英语词汇

在当今时代，随着多媒体技术在教学领域的广泛应用，英语教师可以运用新兴的多媒体技术，通过图片、音乐等手段进行词汇的听、说、读、写等多方面的教学。这有助于学生更好地理解词汇的相关含义，对提高学生的英语阅读水平具有重要意义。例如，在人教版八年级下册第五单元的教学中，教师可以利用几段英语视频展示相关阅读篇章中的角色人物，使学生能够直接接触篇章内容，从而增加学习兴趣，留下更深刻的印象。这种方式有助于学生熟练掌握特定的语言环境，加深对词汇本身的理解和运用，进而熟练掌握并运用相关知识。

（三）鼓励学生自主学习，自学单词

在英语整本书阅读教学过程中，教师可以将学生分为若干小组，对不同的小组提出不同的问题，使小组内部的学生能够相互配合、相互促进，共同探讨相关的英语词汇。这种形式不仅可以让学生自主学习，还可以调动他们的积极性和学习主动性，同时提升学生的合作能力，增进学生间的友谊。之后，由教师进行总结，评出最优小组，从而增强学生的竞争意识，使他们能够更好、更仔细地融入学习。例如，对于一篇相对较长且包含大量生词和短语的阅读材料，如果一节课难以完成，教师可以进行段落分配，根据书籍的重难点设计导学方案，将内容拆分开来，使学生能够自主参与各个环节。学生可以自主讲解其中包含的生词和难句，教师则引导学生掌握未能理解的生词。

（四）创新英语教学模式，营造课堂欢乐气氛

英语作为一门外来语言，相较于其他学科可能显得较为枯燥。如果学生

无法轻松理解相关词汇，他们的学习兴趣可能会大幅下降。对此，教师应寓教于乐，营造欢乐的课堂氛围，使学生能够更加轻松、简洁地理解相关内容，从而更有效地进行学习。例如，教师可以在教学过程中加入趣味活动，或者开展英语词汇大比拼等，这些都是提升英语课堂趣味性的重要手段，对于增强学生对英语词汇的理解和兴趣有重要作用。

（五）将词汇知识融入阅读中，基于阅读情境理解词汇

在课堂阅读教学中，教师可以通过引导学生感受词汇的趣味，使学生融入整本书的阅读中。教师可以运用多种教学手段，如讲解、简笔画、插图、手势、实物、对话表演和录像等创设情境，介绍新的目标语言材料，指导学生理解和掌握英语知识。教师还可以结合生活实际，激活阅读材料的相关背景，从中引出生词，激发学生的阅读兴趣，消除生词障碍。

（1）运用实物呈现，进行词汇教学。例如，教师在教授"Receiving money makes me uncomfortable"这一内容时：

T：Do you like money?

S：Yes.

T：OK，But money isn't everything. Look. Here is a purse, a purple purse. Do you like receiving money?

教师通过一个紫色的钱包这一实物，教授单词"purse""purple"，同时引入短语"receiving gifts"。这种运用实物进行词汇教学的好处在于能够为学生创造较为真实的语境，使学生在该语境中直接理解词义，从而减少或弱化汉语对词义理解的干扰，有助于培养学生的英语思维能力，并加深他们对词汇的理解和记忆。

（2）运用照片、图画或简笔画进行词汇教学。例如，在教授"Would you mind keeping your voice down"时，教师展示几张预先拍摄好的餐厅内抽烟、大声喧哗等不文明现象的照片。

T：What can you see in the picture，and what do you think of the people in the picture?

S：I can see that one man is smoking；another is talking loudly.

T：Right. These are bad behaviors. He should put out the cigarette. Another one should keep down the voice.

运用照片或图画有助于创设真实的语言情境，而简笔画则以其直观、简约的特点，寥寥数笔便能生动地表达复杂的概念和场景，从而培养学生的英语思维能力。

（3）利用多媒体课件进行词汇教学，可以给学生带来强烈的视觉冲击，从而激发他们的兴趣，强化他们对词汇的理解和记忆。

（4）运用表演法进行词汇教学

表演法是教师通过运用肢体语言和面部表情来教授具有动感或感情色彩的词汇的方法。例如，用于表示动作的词汇，如"drop litter（扔垃圾）""sleep（睡觉）"；用于表示感情色彩的词汇，如"crazy（疯狂的）""surprised（惊讶的）"等。实际上，表演也是创设真实情景的一种有效手段，教师可以与学生一起进行动作表演，以促进学生积极参与词汇学习活动。

（六）结合语境，理解词汇的意蕴

词汇的意义依赖于特定的语境，只有在上下文中才能明确和具体。如果教师脱离语境进行词汇教学，即使学生记住了词汇的形式和意义，也很难将其运用于实际的交际活动中。因此，词汇教学应融入句子和语篇的教学中，实现词不离句、句不离篇。教师应为学生创设运用所学语言的语境，以便学生在语境中深化对词义的理解，掌握词汇的用法，并领会词汇的深层意蕴。

例如，在教学单词 guilty 时，教师可以创设如下语言情景："About Mr Guilty! Mr. Guilty is a doctor. He's very busy with his work. He has very little time to visit his parents though he is the only child of his parents. So sometime she feels g _____ . Mr. Guilty is helpful and warm-hearted. But he has a shortcoming（缺点）. He often forgets something. Last week his friend Mary asked him to post her letter. But he forgot，which made him felt g _____ .

Yesterday Mr. Guilty tried his best to save the life of a patient who had a car accident. But unluckily，he failed. That made him feel g _____ ."

如此创设的语境不仅为学生理解词义创造了条件，同时还增加了学生可理解的语言输入。在教学"guilty"一词时，教师通过预设的这个小故事，使学生获得了对词语的整体感悟。同理，在整本书的阅读中，也可以使用这种创设情境的方法来促进学生对词汇的理解。

在阅读课教学中，有些生词可以让学生在学习过程中运用思维和想象，根据上下文、背景知识和结构等方法进行猜测，从而培养学生的学习认知策略。根据英语阅读篇章推断词义的常见方法有：

1. 定语从句推测法

例如，在九年级"Unit 12 Reading：You are supposed to write quickly."中的一个句子"ICQ is an e－mail 'chatline' that people use to have online conversations with friends."。学生根据这个定语从句，就能推测出 ICQ 和 chatline 的意思是与网络聊天有关的。

2. 同位语推测法

一篇阅读文章中有这样一个句子："They traveled a long way and at last got to a castle，a large building in old times."。句中的同位语"a large building in old times"给出了"castle"的词义解释——"城堡"。

3. 构词法（前缀、后缀、复合、派生等）推测

例如，在"Yang Lei's mother agreed with her daughter's decision."这个句子中，"decide"的意思是"决定"，是动词，而加后缀"－sion"往往构成该词的名词形式。因此，学生可以判断"decision"是一个名词，并推测其意思为决心或决定。又如，八年级下 Unit 7 Reading 的一个句子"This kind of contest encourages people in China to speak English."。学生已经接触过"courage"这个单词，了解它是一个名词，意思是"勇气"；而"en－"通常是构成动词的前缀，表示"加强"的意思。所以，学生推测"encourage"的意思是增强勇气，即鼓励。教师除了帮助学生根据语境猜测词义或基于语境信息作出推断外，还应优化单词记忆的方法，采用多种方式引导学生在词汇的规律上下功夫。指导学生进行词汇的归纳、演绎、分类、分析、综合和概括，注意发挥智力和培养能力，以提高词汇学习的效率。同时，教师还要培养学生形成合理的学习习惯和运用科学的学习方法，如及时和分散复习、循环记忆、多种感官并用、联想想象、列表和公式、利用卡片等。

此外，词汇教学的要求应因人而异，对不同的学生提出不同的要求。对于英语基础较好的学生，教师除了要求掌握本单元的核心单词外，还可以增加一些认读词汇的要求。而对于基础较薄弱的学生，教师只需要求他们掌握课表词汇即可。

（七）链接生活，拓展词汇学用渠道

对词汇的掌握是多维度的，包括从不精确到精确的过渡、从部分到全面的过渡，以及从理解到运用的过渡。学习一个新单词并不是在一节课中或通过一次复习就能完成的，而是需要经过一定的过程。这个过程的长短取决于词汇的复现率、复现时机、复现方式以及学生对其兴趣和理解程度等因素。因此，教师应选择适宜的阅读材料，开发课程资源。

"窄式阅读"理论指出，教师应根据专题性原则，集中选择围绕某一话题的一些篇章，使学生熟悉该专题的体裁和内容框架，从而促进知识的正迁移。教材"Go for it!"中每个单元的话题都贴近学生的生活实际，教师可以从报纸、杂志、简易英语小说、有声读物以及网络上简易的英语新闻报道中，选取适合学生阅读的英语材料。如果篇章中的生词率过高或难度较大，教师应在必要时对文字进行简化处理后再提供给学生使用。

第二节　在整本书阅读中发展思维品质

初中阶段学生的英语能力往往参差不齐。为了全面提高学生的英语阅读能力，教师需要为不同程度的学生设计多元化的教学手段，从而提升初中生的阅读能力，并发展他们的思维品质。

一、在整本书阅读中，促进学生思维能力发展

整本书的阅读如同智慧的钥匙，能够开启学生逻辑思维、推理、概括及深层次理解的大门。在初中这一关键成长阶段，它引领学生穿越文字的海洋，锤炼各项思维能力，让智慧的火花在英语原著的阅读中绽放。

（一）逻辑思维能力

逻辑思维能力是中学生应当具备的一项重要能力。经历过小学阶段的义务教育之后，初中生应具备良好的逻辑思维水平。然而，当前的实际情况是，许多初中生的逻辑思维能力远未达到应有的标准。对于在英语阅读中经常出现的逻辑思维题，超过半数的学生常常会选择错误的答案，尤其是在考查学

生逆向思维能力的题目中，错误率更高。

（二）推理能力

推理能力指学生能够根据篇章中给出的内容和已知信息，对问题进行正确判断的能力。在英语阅读中，学生要想理解篇章含义，必须进行段落和语句的推理。目前，初中生在对篇章内容的推理上仍存在不足，常常对信息判断错误，从而影响阅读题目的准确率。

（三）概括能力

在英语阅读中，学生需要对各个段落进行大意的概括。通过这种概括，能够使篇章的内容更加清晰地呈现，从而更好地帮助学生理解篇章。目前，初中生在概括英语篇章时仍存在表面化的问题。例如，在描述某一段落的场景时，他们往往只是简单地拼凑篇章中的几句话，甚至直接引用文中人物的对话来进行概括。这种对篇章内容的概括非常浅显，没有触及核心内容。

（四）理解能力

整本书阅读是提升学生理解能力的一种有效方法。在初中阶段，学生的理解能力正处于快速发展期，教师通过引导他们进行整本书的阅读，可以帮助他们更深入地理解文本，提高阅读理解能力。教师可以选取一些适合初中生阅读的英语原著，引导学生进行完整的书籍阅读。在阅读过程中，教师可以设置一系列的阅读任务，如提炼故事主线、分析人物性格、理解主题思想等，以此引导学生深入理解文本。教师还可以鼓励学生在阅读过程中进行批判性思考，提出自己的见解和疑问，通过小组讨论、课堂分享等方式，激发学生的思维活力，提高学生的理解能力。

二、初中英语整本书阅读思维能力培养的问题

（一）重视程度不够

当前，部分中学和英语教师对学生阅读思维能力的培养缺乏重视。例如，学校在英语阅读课时的设计上较少，教学资金投入不足，教师也缺乏阅读教学的培训。英语教师的教学理念相对落后，专业知识不够扎实，教学方式单一，不利于激发学生的学习积极性。教师过于注重英语理论知识的教学，课程设计偏重于词汇和语法等基础知识，没有充分利用信息技术开展课堂教学，

过于强调知识的单向输出以及单词和语法的机械记忆，这些都不利于学生英语思维的形成和核心素养的提升。

（二）教学方法落后

课堂教学是培养学生阅读思维能力的主要阵地。在课堂上，通过教师对阅读技巧的讲解以及反复的阅读训练，有助于学生掌握英语知识。因此，教师的教学方式直接影响学生吸收英语知识的效果。传统的英语阅读教学方式较为单一，教师是课堂的主体，讲解仅限于逐字逐句的翻译，而忽视了对英语词汇和语法知识的讲解。长此以往，不利于培养学生的阅读思维能力，不利于提高学生的自主学习能力，更不利于学生核心素养的提升。

三、整本书阅读中思维品质培养的原则

（一）层次性原则

初中英语学习需要层层递进，逐渐培养系统的英语思维能力。教师应当利用学习的规律，循序渐进地提升课堂学习效果，培养学生的阅读思维。因此，在课堂上进行英语阅读教学时，教师需要根据学生的学习层次进行分层教学，培养他们的思维能力。例如，在学习关于美国节日的篇章时，教师可以先从中国节日入手，逐步提出问题，帮助学生构建知识框架，通过换位思考，更深入地理解篇章内容。

（二）开放性原则

英语阅读思维培训中，最重要的是开发学生的逻辑思维。在教学过程中，教师始终要以开放的态度面对学生，从多个角度鼓励学生进行自主学习，并给予学生充足的时间来学习基本词汇，锻炼他们的语言表达能力。开放性原则能够帮助学生举一反三，培养英语阅读的发散性思维。

（三）多元性原则

教师的责任不仅在于教授知识，更重要的是挖掘学生的内在潜力，发现学生身上的闪光点。每个学生在学习方面的状态各不相同，学习方法和思维逻辑也各有差异。教师在英语阅读教学中要始终坚持多元化原则，为学生提供针对性的解决方案，实现个性化教学。

四、整本书阅读促进学生思维品质发展的策略

（一）激发学生学习的求知欲，刺激思维能力

初中生好奇心较强，教师应该精心备课、创新活动、合理设计教学方案，利用合适的教学方式激发学生的学习欲望。例如，可以给学生介绍一些国外有趣的文化知识和英语交流习惯，让学生对英语的文化背景有一定的认识；鼓励学生课后积极了解相关国家的风俗习惯、人文地理等。同时，教师可以组织学生讨论中国文化与英语国家文化的差异，发现不同文化背景下语言文化的不同之处。这样，从已知的知识延伸到未知的领域，逐渐深入，层层递进，有助于学生更好地探索英语知识，为今后的英语学习打下坚实的基础，并帮助他们建立起对英语学习的兴趣。兴趣是最好的老师，学习兴趣是学习英语的入场券。当学生对英语知识产生浓厚的兴趣时，就能够在主观上激发学习积极性，提高求知欲。教师可以通过这一系列方式启发学生主动了解英语，充分发掘学生的思维能力。无论是在课上还是在课外，教师都要合理安排学生的英语学习进程，有条理、有计划地进行教学规划，激发学生的求知欲。

（二）发挥学生学习英语的主动性，提高思维能力

培养英语思维能力的前提是提高学习的内驱动力。一旦学生对学习英语产生兴趣，他们便会更主动地思考英语知识，体会到学习英语带来的魅力。作为教师，应当激发学生学习英语的主动性，进一步提升他们的思维能力。在阅读中，教师可以给学生提出一些开放性的问题，留给他们独立思考的空间，鼓励学生发现英语学习过程中出现的问题，使他们逐步建立起自主的思维能力。对于主动性较差的学生，教师可以采取鼓励性的引导方式，并为他们提供合适的学习方法指导。教师应在有限的教材中发掘有用的信息，促进学生思维能力的拓展，激发学生的创新意识。例如，通过看图说话、口头作文或词汇造句等活动，灵活运用现有教学资源，开发学生的思维能力，激发他们学习英语的积极性。

（三）创设合适的英语情境，激发思维能力

良好的语言环境有助于激发学生英语学习的兴趣和动力。在初中英语教

学过程中，教师应努力摆脱汉语的固有思维，营造适合英语学习的语言情境，促进学生思维能力的提高。教师应该为学生建立良好的英语交流空间，鼓励学生在语言情境中大胆想象，从被动思考转变为独立思考，掌握学习的主动权，勇敢地用英语表达内心想法。通过这种方式，加强学生的语言组织能力、思维条理性和逻辑性，使英语学习更具活力。教师还应营造一个轻松愉快的英语课堂环境，让学生以轻松的状态学习英语，鼓励他们勇敢发言和开展对话。同时，建立多个语言学习小组，让学生互相帮助，逐步提高英语交流的熟练度。

（四）巧设阅读问题，培养思维的批判性

在阅读课堂上，教师可以采用提问式教学法。在阅读篇章之前，让学生带着问题进行阅读，这样能加深他们对篇章的记忆。教师除了提出可以帮助学生理解文本的问题之外，还可以在学生理解篇章的基础上，提出一些开放性的问题，鼓励学生勇敢地表达自己的观点。对于这些开放性问题，没有绝对的对错，但学生必须展示自己的逻辑思维，并用合理的论据来说服其他同学。这样一来，可以引导学生主动思考问题，培养批判性思维。例如，在篇章"Bus Driver and the Passengers Save an Old Man"中，讲述了一个当前社会关注的热点：公交车司机在行驶过程中遇到躺在路旁的老人。他没有离开，而是与乘客商量，想要送老人去医院。乘客们没有反对，反而与司机一起把老人送到了医院，老人最终获救。教师首先应带领学生理解整篇文章的含义，并总结篇章想要表达的主题。随后，教师可以进行开放性提问："如果是你，你会怎样做？"学生以此展开讨论，发表各自的意见，并就不同观点进行辩论。不同学生对自己的观点进行阐述，不仅能够活跃课堂氛围，还能加深学生对篇章的理解。通过这种方式，教师可以将枯燥的阅读问题转化为生动的课堂活动，从而帮助学生学会批判性学习，提高自身的综合学习能力。

（五）重视语篇分析，训练思维的逻辑性

独立的逻辑思维能够帮助学生提高思维能力。英语阅读在每个阶段都会加大难度，七年级阅读作为基础阶段是为学生打好基础，八年级是在基础知识上进行积累，九年级英语阅读已经达到了初中学习的最终难度，考验的是学生的逻辑性。不管是哪种类型的阅读篇章，都会考验学生的单词积累、语法知识和逻辑思维。因此，教师要在英语阅读素材中培养学生的逻辑思维和语感，建立语篇结构的框架，形成规律性的发散思维。例如，"Beauty in Common Things"讲述了几种民间艺术形式，如孔明灯、剪纸、泥塑等，对于每一种艺术都大致介绍了由来、起源和用途。在学习这篇文章时，教师可以根据艺术的种类将其分为三部分，帮助学生从每种艺术的形成、制作和发展进行记忆。在掌握了基本内容后，教师可以首先播放录音，让学生根据听到的内容列出表格，把每种民间艺术的形成、制作和特点写下来，并分别写出其蕴含的美好祝愿，然后再打开课本比对答案。教师通过开展不同形式的教学，不仅能够帮助学生梳理阅读框架，理清思维逻辑，还可以加深记忆。学生用自己的表达形式进行记忆，更能加深知识积累，强化逻辑能力。

（六）挖掘文本内容，锻炼思维

学生在进行英语阅读时，需要梳理篇章内容，理解课本知识点，并掌握篇章背后所蕴含的正能量，构建英语阅读的思维框架。教师应从篇章中挖掘更深层次的内涵，促使学生发散性思维。例如，在学习完相关篇章后，教师可以让学生展开讨论，当与父母出现分歧时，应该如何更为合适地处理。学生可以从事情的起因开始讨论，最终给出解决措施。教师要鼓励学生将讨论出的解决措施应用于生活，以调节叛逆期的心理活动。这样不仅能拓展课外知识，还能贴近学生的生活，引发学生深刻思考，促进学生思维品质的发展。

（七）提高重视，精心挑选阅读材料

初中英语阅读教学对学生阅读能力的培养具有重要意义，而在核心素养背景下的阅读教学有利于学生阅读思维的培养，是提高学生英语能力和水平的关键。初中英语阅读教材的选择直接影响着学生的英语学习质量。教师必须转变教学理念，注重提高自身的英语专业技能，精心挑选阅读材料，如科幻类、童话类及人物传记类等材料，以吸引学生的阅读兴趣。选择符合初中生英语水平的内容进行课堂讲解，有助于学生更好地理解和记忆英语词汇与语法，并在阅读过程中潜移默化地提高核心素养。例如，"黑布林英语阅读"初中部分书目（图2-1），初一、初二、初三各两辑，包括了经典小说、当代小说和小小说等。

	初一	初二	初三
第1辑	*The Fisherman and His Soul* 《渔夫和他的灵魂》	*Little Women* 《小妇人》	*Treasure Island* 《金银岛》
	Peter Pan 《彼得·潘》	*The Red - Headed League* 《红发会》	*White Fang* 《白牙》
	A New Home for Socks 《寻找安乐窝》	*The Secret Garden* 《秘密花园》	*The Stolen White Elephant* 《丢失的白象》
	Holly's New Friend 《霍莉的新朋友》	*The Anti - Bully Squad* 《反恶霸小分队》	*Stubs Grows Up* 《矮个儿成长记》
	Jack's Endless Summer 《杰克的悠长夏天》	*Jack and the Westbourne Fair* 《杰克的威士本游园会》	*Grace and the Double Life* 《格蕾丝的双重生活》
	Fireball's Heart 《赤诚之心》	*The Surprise* 《令人惊喜的礼物》	*The Spring Cup* 《斯普林杯马术比赛》
第2辑	*The Wonderful Wizard of Oz* 《绿野仙踪》	*Black Beauty* 《黑骏马》	*The Adventures of Huckleberry Finn* 《哈克贝利·费恩历险记》
	The Hound of the Baskervilles 《巴斯克维尔的猎犬》	*Mowgli's Brothers* 《莫格利的兄弟》	*The Adventures of Tom Sawyer* 《汤姆·索亚历险记》
	Next Door 《外星邻居》	*Alice's Adventures in Wonderland* 《爱丽丝漫游仙境》	*A Christmas Carol* 《圣诞颂歌》
	Zadie's Big Day 《扎迪夺冠日》	*The Time Capsule* 《时光隧道》	*Twins* 《双胞胎》
	David and the Great Detective 《大卫和超级神探》	*Holly the Eco Warrior* 《环保斗士霍莉》	*Ricky and the American Girl* 《瑞奇和美国女孩儿》
	The Clever Woman 《聪明的妇人》	*The African Mask* 《非洲面具》	*The Lost Smile* 《微笑重归》

图 2-1 "黑布林英语阅读"初中部分书目

（八）转变方式，选择应用分层教学

传统的教学方式较为单一，且不注重学生的个性发展。一个班级中学生的英语阅读能力参差不齐，需要教师根据实际情况，有针对性地开展阅读教学培训。应用分层教学法适应英语教学改革的新要求，有利于提升阅读教学效果。分层教学是根据学生的学习能力将其分组以完成教学任务。对于英语基础较好的学生，教师可以让他们自主学习、自行阅读，并绘制思维导图；而对于基础较弱的学生，教师应采用引导式教学，对阅读材料中涉及的重点词汇、语法、句式等知识进行详细讲解。在讲解阅读试题时，教师还需要详细阐述答案的由来，并耐心解答学生提出的各种阅读问题，帮助学生理清阅读思路，培养学生的阅读思维，提升学生的英语素养。

（九）升级模式，创建阅读教学情境

阅读教学是英语教学的重点和难点。教师通过升级教学模式、创建阅读教学情境，有助于提升初中生的阅读能力。在课堂教学过程中，教师可以借助多媒体信息技术设备创建仿真虚拟的教学情境，增强学生的情感体验。英语阅读教学的文本内容丰富，根据不同的阅读内容创建不同的教学情境，如问答式教学情境、角色扮演和小组讨论等。教师通过多种教学方式创建的教学情境能够满足初中英语阅读的教学需求，挖掘英语教学中培养学生核心素养的功能，有利于学生阅读思维的形成和英语阅读技能的提高。

五、初中英语整本书阅读教学中培养学生思维品质的方法

整本书阅读教学是当前提升初中生英语阅读能力的有效方法。一方面，掌握好英语阅读能力有助于学生打好英语基础，对英语其他内容的学习起到很大的促进作用；另一方面，高水平的英语阅读教学有助于学生发散思维，培养学生的思维能力，促进学习能力的不断发展。为了能够更加有效地培养学生的思维品质，可以从以下几方面着手推动整本书阅读：

（一）分析整本书的篇章结构框架

分析篇章时，应理清其结构脉络。首先，教师应组织学生分析篇章的标题，以宏观了解篇章的内容；其次，根据篇章的题材分析其结构，确定篇章

具体描写的内容侧重；最后，按照一定的规律寻找篇章中的线索，找出每一部分的重点句和主题句，从而把握篇章的整体脉络。例如，在分析名人传记类的篇章时，教师可以组织学生根据人物一生中的重要事件来分析篇章，进而理解其内容。

（二）培养学生逻辑推理能力

教师可以使用提问教学法来培养学生的逻辑推理能力。在学生阅读一本书之前，教师先提出一个问题，然后让学生带着问题阅读书籍、寻找答案。这样一方面可以激发学生的学习兴趣，使他们更加积极地投入课堂学习，另一方面能够促使学生更加认真地分析书中内容，以回答教师的提问，并在这个过程中不断锻炼逻辑推理能力。

（三）完善学生细节分析能力

在英语阅读中，有些学生十分粗心，不注意篇章细节，有时会对篇章内容做出错误的判断。例如，在某篇章中，甲说："Do you want to go swimming with me?"乙回答："Yes，but I have to do my homework."有些学生看到"Yes"后，马上判断乙要去与甲游泳，这样就判断错误。教师在英语教学中应当不断督促学生仔细阅读篇章，并设计相应的细节练习，帮助学生养成良好的阅读习惯。

（四）鼓励学生发散思维

在引导学生学习一篇文章时，教师可以鼓励学生用辩证的眼光看待文章内容。在阅读时，不仅仅是跟随作者的思路，而是要形成自己的思考，与作者进行"交流"。这样能够使学生的思维更加发散和活跃，对培养学生的思维能力有极大的促进作用。例如，在学习 *In ten years* 一文时，教师应当鼓励学生自由畅想自己十年后的样子，并思考如何规划自己的人生以实现自己的理想。

（五）引入故事创设阅读情境

对于初中英语阅读教学来说，如果教师希望在教学过程中培养学生的思维能力，就需要采用更为科学的方法，使学生保持专注，维持思维的活跃性。而通过故事引入是非常有效的方法。比如，教师可以在阅读教学开始之前，引入一个与阅读内容相关的故事，并在讲完故事后对学生进行提问，让学生在阅读内容中寻找答案。这样不仅能很好地激发学生的学习兴趣，还能使学生在阅读过程中投入更多的精力。具体来说，当教师进行"Saving the Earth"主题的英语阅读教学时，可以先向学生讲述一些关于环境保护组织或生态科学研究的故事，让学生对保护地球有一些初步的认识。

（六）明确阅读目标

在初中英语整本书阅读教学的过程中，培养学生思维能力的前提是明确阅读教学目标。如果没有明确的阅读目标，阅读思维能力的发展难以取得预期效果。学生选定一本书进行阅读后，需要从词汇、语法以及英语文化等方面设定目标。有了目标，学生在阅读中会更加投入，并充分调动自己的思维，对书中的英语表达细节进行记忆，这有助于提升阅读教学的效果。

（七）完善阅读教学评价

初中英语阅读教学至关重要。为了在新课标的指导下更好地培养学生的思维能力，教师必须认识到教学评价的重要性。在完成整本书的阅读教学后，教师应积极进行总结，发现阅读中存在的问题，并采取针对性的方法进行优化，以提升阅读教学的质量。例如，在进行《雾都孤儿》阅读后，教师需要自问："在阅读教学过程中，是否采取了科学的方法来激发学生思维的活跃性？这些方法还有没有改进的空间？"教师经常性地进行教学反思和评价，可以进一步提升英语阅读教学的质量，并在培养学生思维能力方面取得更好的效果。

六、利用 EIASR 阅读层次模式提升初中生英语整本书阅读的思维品质

美国教育家莫提默·J. 艾德勒与查尔斯·范多伦合著的《如何阅读一本书》中提出了 EIASR 的阅读层次模式：基础阅读（elementary reading），即识字，理解文本在说什么；检视阅读（inspectional reading），即在短时间内抓取信息，将信息系统化；分析阅读（analytical reading），即深入理解，咀嚼与消化为自己的认知；主题阅读（syntopical reading），即触类旁通，进行横纵比较的阅读。他们认为，EIASR 的阅读层次模式非常适合教师用来指导学生开展英语整本书的阅读；同时，也有助于提升学生的思维品质。本节结合具体的教学案例，阐述如何运用 EIASR 的阅读层次模式在整本书阅读教学

中设计综合性、关联性、实践性的阅读活动，以培养学生的思维品质。

（一）指导学生整本书阅读过程中运用 EIASR 阅读层次模式的依据

初中英语教学以阅读理解为主，教师在阅读实践中要不断提高学生的阅读理解能力。综观当前中考情况，学生阅读的文章难度各异，题材多样，文体不同，主要包括科普知识、天文地理、人物传记、名人轶事、哲理小说、科技教育、风土人情、新闻报道、历史文化等方面。在文章理解题中，干扰项具有一定的模糊性，它不仅可以检测学生的理解、概括、推断及逻辑思维的精确性和深刻性，而且可以考验学生的心理品质。学生要精准做好客观理解题，就需要理解关键词句、某段落、某个细节，乃至人物性格、事物特征等，先扫读全文，再细读文章的特定部分，从而获得所需信息；在做主观理解题时，学生需要透过文章的表面文字信息进行深层理解，借助分析、归纳、综合、推理和想象等手段，掌握作者的写作意图、人物的性格特征、动机目的、事件的前因后果、故事发展的走向，以及文章的中心思想，深刻挖掘文章的潜在含义。在整本书阅读的各种课型中，应分别运用 EIASR 的阅读层次模式，从词汇到语句再到篇章，针对不同的阅读目的和阅读层次，通过教师的指导和引领，学生在不同阶段都能有所收获，从而对整本书的阅读充满信心，对提高学生的英语思维品质有显著的促进作用。

（二）结合不同的课型，运用不同的阅读层次模式

1. 基础阅读（elementary reading）

基础阅读主要发生在初中生整本书阅读之前。这种模式实际上是要求学生在小学高年级通过多读短文和绘本来积累词汇，养成阅读习惯。有初小衔接经验的家长或教师会让在孩子进入初中之前进行基础阅读层次的训练，或者进行 10 页以内、50～100 词的绘本阅读。新课标指出，5～6 年级的学生在阅读和理解语篇内容的基础上，通过反复倾听和认真观察，发现单词的拼读规则，并进行巩固与内化。这就是在基础阅读层次模式实施时所要达到的目的。简单来说，看懂书本的大概内容即可。适合基础阅读模式的黑布林丛书有 *The Kite*、*The Big Wave* 等。

2. 检视阅读（inspectional reading）

检视阅读是一个系统化的略读过程。莫提默·J. 艾德勒认为，在这个层

次的阅读中，需要解决的问题是"这本书在谈什么"这个表象问题。在这个层次上，读者能够在短时间内掌握一本书的重点。

整本书阅读课堂打破了传统的篇章讲解，以一本书的主题为纲领设计教学活动，主要设计了三种课型：兴趣导读课、讨论交流课和应用创新课。检视阅读在兴趣导读课中可以得到充分运用。在整本书阅读中，这类课型的设计遵循四大策略。首先是内容导读（引导学生挖掘题目的含义、主题意义等）；其次是主题导读（带学生阅读封面、目录、封底）；再次是人物导读（分析人物出现的频率、主次、性格及对人物的评价等）；最后是片段导读（根据某个片段进行深度钻研，初步挖掘主题意义）。关于检视阅读，莫提默·J. 艾德勒建议，首先查看书名页或者序言；接着查看目录页，了解书的基本架构；之后是检阅索引，了解这本书涵盖了哪些议题和提到的主人公；最后是挑选几个与主题相关的篇章进行阅读，最好能阅读最后的两三页。这样，教师就可以系统地略读一本书。兴趣导读课型与检视阅读的训练方向有许多不谋而合之处。在实施检视阅读的过程中，教师可以采用 KWL（Know - Want - Learned）的阅读策略，即明确学生读前已知（K - What I know），读后想知（W - What I want to know），以及回顾总结检视阅读训练后运用新知（L - What I have learned）的整体性阅读策略。表 2-1 展示了学生在运用检视阅读方法后填写的 KWL 导学单。

表 2-1　KWL 导学单

Class：_____	Name：_____	*Little Women*
What I know		The author of the book； How many characters are in the book？
What I want to know		What's the setting of the Chapter 1？ What does "But we haven't got Father" mean？
What I have learned		The theme of the book. The plot of the book.

总的来说，检视阅读就是对整本书进行表层阅读——粗读和略读，引导学生对阅读材料产生兴趣，为下一层次的分析阅读做好铺垫，起到承上启下

的作用。

3. 分析阅读（analytical reading）

分析阅读层次的模式可以结合整本书阅读的第二种课型——讨论交流课来展开。教师在讨论交流课前要为学生设计阅读任务，引导学生自主阅读。教师可运用分析阅读方法与学生讨论阅读的主题，引入新的知识，指导学生深入讨论、开展小组活动等，以培养学生的阅读逻辑性。分析阅读为仔细研读，对于初中生来说是一个较为艰难达到的阅读层次，教师需将分析阅读的方法落实到位，以激发学生的阅读兴趣。一方面，分析阅读需要教师考虑任务驱动、问题引导等因素；另一方面，教师可利用可视化、多样化、开放性的结构视图为学习活动提供工具支架，还可以为学生提供一些动手材料，使学生能够在阅读过程中完成相应的阅读结构视图任务单。任务单可以多种形式呈现，如用于总结故事大意的五指图、用于拟定阅读圈不同角色的任务单、用于比较人物或故事异同的维恩图、用于小组展示的主题折叠书、用于反思评估阅读收获的"3-2-1出门条"（3点本节课的收获、2个印象深刻的句子或短语、1个问题）等。以下结合具体例子描述分析阅读的三个阶段。

第一阶段的阅读目标是梳理整本书的类型、主题、框架结构和核心问题。教师可以通过填写故事框架图，让学生回忆所读故事的内容，并填写主要信息点，例如"黑布林英语阅读"系列中的 *The Surprise* 阅读结构视图（图2-2）。

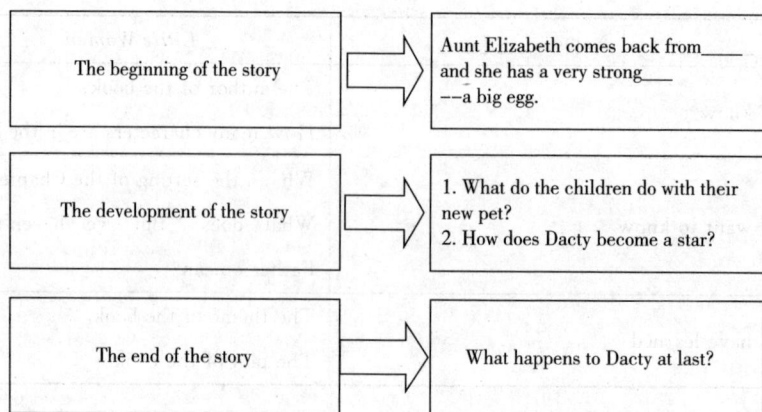

The beginning of the story	⟹	Aunt Elizabeth comes back from____ and she has a very strong____ --a big egg.
The development of the story	⟹	1. What do the children do with their new pet? 2. How does Dacty become a star?
The end of the story	⟹	What happens to Dacty at last?

图2-2 阅读结构视图

第二阶段更为深入，要从字-词-句-段落-篇章-整本书循序渐进，教师应设计适当的教学活动培养学生的深度阅读能力，并促进这种能力向学科核心素养转化。具体可以采用以下方法：

（1）挑选典型章节，鼓励学生表演。例如，在 *Little Women* 一书中，教师挑选了8个篇章让学生模拟场景，自行表演。由于这些篇章贴近中学生的生活，同学们非常感兴趣，表演得字正腔圆，引人入胜。在表演过程中进行生生互动，使学生对书中其他的篇章产生了更大的探索欲望。

（2）选择人物维恩图，让学生进行人物对比。对比两个人物的异同点可以使用维恩图，以便进行深入的思考和挖掘。教师在阅读时将内容问题化，学生在思考时将问题思维化。例如，在小说 *Freak the Mighty* 的阅读活动中，教师选择使用维恩图，引导学生对 Kevin 和 Max 进行比较，促使学生换位思考、推敲细节、理解人物，帮助他们形成更为客观的分析和推断。

（3）对关键情节进行分析，设置连环问题。以"黑布林英语阅读"系列中的 *Little Women* 为例，教师通过提问引导学生理解和运用语言。

Scene 1：Who supported the family when men were out？ （Women started to work outside the home.）

Scene2：What were March sisters going to do on Christmas morning？（Let's enjoy the video clip to discuss.）

Scene3：Can you explain why both Jo and Laurie were bored at Mrs. Gardiner's party？ （Jo didn't enjoy talking to the girls, and Laurie didn't know many people. Both of them felt lonely.）

Scene4：The days seemed very dark now, and the house felt empty. What is the purpose of this part？ （To create a sad atmosphere：Something bad is going to happen.）

第三阶段，教师在学生读懂全书的基础上，引导学生对书的内容进行评价，分析作者所要表达的主题，回归核心素养内涵的四个方面——语言能力、文化意识、思维品质和学习能力。

仍以 *Little Women* 为例，教师提出了一个联系现实生活的问题："What is more important to a person in your eyes, a good heart or a fortune?"帮助学生总结归纳："We should cherish happiness than a fortune."这样能够促进

学生英语学科核心素养的发展，最终实现学科立德树人的根本任务。

4. 主题阅读（syntopical reading）

主题阅读是指让学生阅读围绕同一主题的系列书籍，这被认为是阅读的高级阶段。教师可以鼓励具备良好阅读习惯和阅读素养的中学生进行尝试。这里不再详细论述。

在发展核心素养的背景下，EIASR 阅读层次模式在英语整本书阅读教学中的应用有效解决了当前阅读课低效的现状。教师合理运用 EIASR 阅读层次模式，并结合相应的课型，帮助学生在阅读过程中实现字面理解、推测性理解和欣赏性阅读，从而培养学生的逻辑性、批判性和创新性思维技能。这不仅调动了学生的阅读兴趣，还有效锻炼了他们的自主学习能力，响应了新课标的要求，提高了学生的语言能力和文化意识，最终提升了学生的英语思维品质。

第三节 在整本书阅读中培养文化意识

文化意识是阅读学习中最重要的方向，真正的阅读最终必然指向文化。在整本书阅读的过程中，最重要的是了解英语文化，这样才能真正掌握阅读的精髓，并从中获得文化理解，从而更好地学习英语。

一、初中英语整本书阅读教学中培养学生文化意识的意义

文化意识是核心素养培养目标之一。在整本书的阅读过程中，教师通过增强语言教育的广度和深度，可以有效培养学生的文化素养，从而实现学生的全面发展。文化意识作为核心素养，能够帮助学生在阅读中更好地理解整本书的内容。教师在阅读教学中不仅要激发学生的学习兴趣，还要在讲解篇章时重视对文化内涵的剖析，使学生能够了解到更多的文化知识。只有这样，学生的文化意识才能不断增强，阅读教学的效率也会显著提高。

（一）"新课改"背景下的教学要求

《义务教育英语课程标准（2022 年版）》明确指出要培养学生的文化意识。文化意识指对中外文化的理解和对优秀文化的鉴赏，是学生在新时代表现出

的跨文化认知、态度和行为选择。文化意识的发展目标包括：获得文化知识，理解文化内涵，比较文化异同，汲取文化精华，形成正确的价值观，坚定文化自信，形成自尊、自信、自强的良好品格，具备一定的跨文化沟通能力和传播中华文化的能力。文化意识体现了英语学科核心素养的价值取向。文化意识的培养有助于学生增强家国情怀和人类命运共同体意识，提升品格、文明素养和社会责任感。可见，在整本书阅读中重视文化意识的培养是新课标的指向之一。

（二）提高学生英语素养的必然路径

初中学生在英语学习上已经具备一定的基础，但他们的英语素养尚未完全建立，因此初中阶段是培养英语素养的关键时期。提高学生的英语素养，一方面在于增强他们的英语知识水平，另一方面在于培养他们的英语文化意识。这两个方面是相互渗透的，通过培养学生的文化意识可以提升他们的英语知识素养。英语阅读教学在这两方面的提升中发挥着重要作用，尤其是在明确提升学生文化意识的目标下，有目的、有计划地进行英语阅读教学。

（三）提升学生文化交流水平的重要方法

随着我国改革开放进程的加快，英语不仅成为一门学科，更成为一项社会必备的技能。英语作为学生对外交流的重要工具，是他们参与社会生活、开展文化交流的一把钥匙。为了保证学生能够在社会生活和文化交流中准确、熟练地使用英语，必须在基础教育阶段为英语学习打下坚实的基础。在这一过程中，不应仅仅要求学生机械地学习英语，而应在学习过程中渗透文化交流意识，通过学习和实践的方式，不断提升学生的文化交流水平。

（四）提升学生的综合素质

初中英语阅读教学的发展，需要加强对学生文化意识的培养，以实现学生的全面发展。文化意识是学生英语综合素养的重要组成部分。通过整本书的阅读，学生能够深入了解英语文化，从而在英语交流与表达中更好地体现英语文化特色，这对学生的未来发展将起到重要的促进作用。

（五）拓宽学生的文化视野

教师通过推动整本书的阅读，引导学生深入了解英语语言和文化。在学习和探究的过程中，这不仅可以丰富学生的知识储备，还能够有效拓宽他们的视野，对学生未来在社会中的发展起到重要作用。

（六）消除初中英语阅读教学中发展文化意识方面存在的问题

1. 在日常交流中容易触犯英语方面的敏感话题

经过对当代初中英语阅读教学发展情况的研究发现，学生在学习和交流中使用英语时，大部分仅限于应用单词和语法，忽略了对英语文化的研究，从而导致英语学习过于片面，缺乏文化深度，甚至在某些话题的讨论中可能触犯西方国家的禁忌。例如，在双方见面时，人们通常会问"How old are you?"或"Did you have your meal?"，但在西方国家，询问年龄并不常见，同时询问吃饭的事情可能被理解为邀请对方吃饭。因此，教师需要增加对英语文化的介绍，加强学生对英语语言的全面理解。

2. 在英语表达过程中容易出现语言矛盾

西方国家在文化交流过程中与中国存在差异。中国人说话比较含蓄、谦逊，而西方人则倾向于直接表达赞美。因此，学生在与他人交流时可以增加对对方的赞美，从而达到更好的沟通效果。如果不了解这一差异，则容易出现语言理解上的矛盾。学生在英语交流中应该更加注意增加对对方的赞美和积极反馈。当与西方友人交流时，学会适时地给予肯定和赞美，有助于增进彼此之间的理解和亲近感。通过这种方式，学生可以建立更好的人际关系，并改善沟通效果。通过在阅读中培养学生的文化意识，可以有效消除上述英语交流中的问题。

二、初中英语整本书阅读培养学生文化意识的有效路径

英语整本书的阅读展示了一个丰富的英语文化世界，相对于单篇文章或片段阅读，整本书的阅读更有利于培养学生的文化意识。

（一）知识积累，培养文化意识的基础

初中阶段的英语阅读主要以知识积累为主。在英语整本书阅读中，知识积累是培养文化意识的基础和关键。没有对英语知识的充分了解，就谈不上英语文化意识的建立，更无法通过不同文化的比较，建立起文化自信。首先，在知识讲解过程中，应加深对文化内涵的剖析。例如，在学习"My hometown and my country"主题下的阅读篇章 *Washington D. C.* 时，单词的

积累可以结合具体的篇章语境和文化氛围进行。英语单词在不同的语境和文化氛围中所蕴含的意义各不相同。教师可以通过对具体篇章语境和文化内涵的剖析，使学生对单词的印象更加深刻，从而帮助学生进行单词的积累。例如，"capital"一词出现在"Washington D. C. is the capital of the US."这句话中。在教学过程中，教师并没有直接告诉学生"capital"一词在文中的含义，而是让学生根据上下文语境和已有的文化背景对"capital"的词义进行猜测。不少学生根据"Washington D. C."和"the US"之间的关系，准确理解了"capital"一词是"首都"的意思。这样的知识积累过程，能够增加学生英语知识积累的主动性，引导学生自己寻找问题的答案，并加深学生的初始印象。同时，在教学过程中渗透了文化背景的教学，使学生能够很好地将英语知识与文化背景联系起来。

其次，采用灵活贴合英语文化的知识积累方式是必要的。由于英语有其独特的语言体系，在英语知识积累方面也应遵循其语言特点。例如，在阅读 *Healthy Living* 这本书时，教师应注意书中所运用的过去时态句式，引导学生进行过去时态句式的总结和积累。英语句式中有固定的模式，因此通过对英语语法的总结，可以让学生在以后的英语阅读中举一反三。

（二）整体阅读，促进文化意识的全面提升

在初中英语阅读教学中，教师应该注重整体性——包括英语阅读书籍的整体性、学生学习的整体性和教师教学的整体性。初中英语教师应摒弃以往片面化的教学方法，不再将阅读局限于单篇文章或段落，以免割裂英语阅读的整体性，导致学生在阅读过程中仅学到零散的词汇和句子。如果学生无法对整本书有整体性的理解，就无法全面领会文章所表现的文化背景，从而阻碍其文化意识的全面提升。

要实现英语的整体性阅读，需要注重书籍的整体性阅读。通过整体阅读英语书籍，可以培养学生的英语语感。教师应首先要求学生对英语篇章进行通读，并在朗读过程中做到英语发音与句意的结合。这是一个循序渐进的过程，可以先重点关注英语发音，在不断朗读中逐渐理解句意。在指导学生理解句意时，教师应向学生介绍篇章中包含的知识和文化背景。对于书中某些词汇和语句的理解，不要过于死板，而应充分发挥学生的自主性，以适应不同的语言环境。

教师应该注重教学的整体性。阅读教学的整体性不仅仅体现在教师从多个方面和角度对英语阅读材料进行解释，还应通过多种形式展示阅读材料。例如，在教授七年级下册第四单元 "Life in the Future" 时，教师运用现代教育信息技术，通过图片、视频和音频的形式向学生展示了未来生活的图景。同时，教师积极利用网络资源，播放关于未来生活的英语影片。教师将影片中出现的关于未来的句式和高科技名词与学生的阅读内容进行衔接，激发学生的阅读兴趣，全面提升学生的英语阅读能力。

（三）实践交流，加强文化意识的有效运用

文化意识的有效运用是文化意识培养的重要一环。学生的英语知识也是在知识的有效运用中得到理解和提升的。中学生核心素养要求学生注重社会参与，通过对英语知识及英语文化意识的运用，明确英语学习的重要性，并在运用中通过文化对照来巩固自身的文化素养，树立文化自信。在实际的英语阅读教学中，教师应注重创设实践交流的机会，让学生运用英语知识及文化意识。例如，在教学 *A great wonder of the nature world* 时，教师要求学生在熟悉文章的描写方法和语式的前提下，结合自身经历对旅游或生活中的某一景点进行描绘，引导学生灵活运用所学的英语知识。在初中英语阅读教学中，许多学生可以运用所学的英语描绘祖国的壮丽河山和风土人情。教师通过两种文化的交融表达，树立学生的文化意识，增强学生的文化自信。

（四）创设情境，融入文化意识培养

在初中英语阅读教学中，教学的主要目的是帮助学生提高阅读水平，但教师也不能忽视学生文化意识的培养。初中英语教材中有很多地方涉及文化知识，而文化之间的差异对学生来说是具有吸引力的。教师应利用这一点，将文化意识的培养融入阅读教学中，在开展阅读教学的同时拓宽学生的文化视野，提升学生的核心素养。在阅读教学课堂中，部分教师对学生文化意识的培养不够重视，教学主要以讲解知识为主，涉及文化的讲解非常少。英语阅读涉及很多领域，包含许多学生不熟悉的内容，他们往往对此很感兴趣，但教师在教学中通常直接略过这些内容，导致教学效果不明显。教师可以通过创设教学情境，将文化意识的培养灵活地融入阅读教学中，使阅读教学变得有趣。例如，在阅读人物主题的英语篇章时，教师可以创设一个新学期的情境，让学生用英语介绍自己。在介绍自己的名字时，教师可以让学生思考自己的姓氏是否有特别的含义，这就涉及中国传统文化的传承和延续。教师要提前在姓氏方面做好准备，在课件中准备好相关内容，为学生做进一步的讲解。通过创设教学情境，再将中国传统文化无缝衔接到教学中，使文化与教学相结合，有效地培养学生的文化意识，同时也让阅读教学的意义得以升华。

（五）营造文化氛围，激发学生学习兴趣

教师在阅读教学中，应营造浓厚的文化氛围，激发学生的学习兴趣，引导他们在整本书的阅读中领悟英语文化。例如，在阅读生活与竞技类的英语书籍时，书中可能涉及商品价格，不同国家的同一商品在价格上会有很大的差别。教师可以利用多媒体向学生展示一些商品，让他们猜测价格，然后介绍这些物品在不同国家价格上的差异。通过这种方式，教师可以让阅读教学课堂的文化氛围变得浓厚，激发学生的学习兴趣，这对教师阅读教学的开展很有帮助，同时也让学生了解各国之间的差异。

此外，教师还应在课堂中营造良好的学习氛围。可以采用学习共同体的方法，将学生分为四人或两人的学习小组，以便学生及时进行英语跨文化知识的沟通与交流。在需要讨论时，教师应给予学生足够的时间和空间，引导他们展开文化主题的讨论，这样更有利于促进他们对国外英语文化知识的了解。在学生讨论之后，教师可以挑选个别学生或由学生自主推荐上台展示小组讨论的结果。这样的教学方式有助于使课堂上的学习氛围更加活跃，调动学生学习英语文化的兴趣，也有助于教师培养学生的英语跨文化意识。

（六）剖析教材内容，深度解析文化内涵

初中英语的阅读材料大多来自教材，教师的教学也以教材为主。然而，教材中包含的文化内涵往往并不显而易见，有时甚至较为深奥。如果教师在分析篇章结构和内容时仅停留在表面，那么篇章的文化内涵将难以被挖掘。因此，教师在进行阅读教学时，除了要帮助学生理解教材传达的情感，还应深入解析其中包含的文化内涵，引导学生理解篇章的文化情感。

（七）丰富教学内容，拓宽学生知识面

教师在阅读教学课堂中应丰富教学内容和阅读材料，以拓宽学生的知识面，使他们能够学到更多知识。此外，课外阅读材料也能让学生了解更多文化知识，逐渐拓宽他们的文化视野，增强文化意识。

（八）丰富阅读活动，提高文化意识

丰富的英语阅读活动能够使学生在实践中运用语言和文化知识，解决活动中的难题，完成学习任务，从而不断提高他们的阅读能力和文化意识。教师可以在班级中建立"英语读书角"，拓展学生的阅读量；还可以以学生感兴趣的英语文化故事为主题举办"读书交流会"等活动，让学生在丰富的阅读活动中了解中西方不同的文化背景，思考各种文化现象。此外，教师还可以让学生根据篇章内容进行故事改编，并进行角色扮演。在这个过程中，学生对篇章的文化背景、故事情节和主人公的情感都有了深入的了解。通过这些阅读活动，可以有效提高学生的整本书阅读能力，让他们在发展语言能力的同时，利用文化知识和文化思维，切身体会阅读篇章中的文化底蕴，从而增强文化意识。

（九）利用文本内容，传授文化差异

在初中英语阅读教学中，教师应立足于文化差异的视角进行分析，使学生意识到中西方文化的差异性和多样性，加深他们对中华文化的深刻理解，并增强文化自信。从文化内涵的角度来看，教师需要培养学生的文化感知能力，让他们感受到不同文化的内在美，树立正确的价值观。在阅读教学中，内容是基础。为了培养学生的英语文化意识，教师可以结合初中英语阅读教学内容的基本需求，为学生传授文化知识的差异，使他们在课堂上形成正确的文化意识。以"Good Manners"课程内容为例，教师可以根据课程内容，向学生传授中西方文化的差异。通过结合教材内容，学生可以认识到中西方文化在食材选择及食品上的不同之处，其中也可以渗透关于传统节日的内容。例如，中国人在过节时常见的食物是饺子，而西方主要的节日食物是火鸡。中西方在餐具上也存在差异，如中国常用的餐具是筷子，西方则常用刀叉。在学习餐桌礼仪的过程中，学生能够掌握中西方饮食文化的差异，通过这种方式逐步培养他们的文化意识。

（十）创新教学方式，增进文化理解

首先，创设合理的阅读情境以激发学生的阅读兴趣。教师可以利用故事、图片和多媒体课件等方式，创设贴近学生生活的阅读情境，从而激发学生的阅读兴趣，促进学生阅读思维的发展。其次，培养学生在阅读时的批判性思维。在阅读过程中，学生的思维容易受到文章的影响，但他们也可以提出疑问。教师应包容学生的各种想法，让学生充分发挥主观能动性，各抒己见，并鼓励学生带着批判性的思维去阅读文章。最后，拓宽学生的知识面，强调课外阅读的重要性。教师应鼓励学生进行课外阅读，并向学生推荐课外阅读的书籍和报刊。学生通过大量的阅读可以了解中西方的文化差异以及西方的文化背景、风土人情等，从而提升他们的英语学科核心素养。

在阅读教学过程中，教师可以选择具有西方国家文化特色的篇章，在提升学生学习能力的同时，培养学生的文化意识。例如，在教学"Food and Lifestyle"专题时，针对中西方不同的饮食文化，教师可以开展比较式的阅读。这不仅能够提升学生的阅读能力，还能增强他们对西方饮食文化的了解，有助于提高学生的文化意识。教师在教学过程中可以采用小组合作的方法，这不仅能够有效提升阅读教学的质量和效率，还能培养学生的团结互助能力，促进学生的英语水平和综合素质的提升。课堂上，学生根据教师提供的篇章进行阅读，并在小组内讨论句子和篇章内容，从而实现文化意识的培养。关于初中英语阅读课堂教学的发展，教师可以根据学生的基础和水平，开展课外实践活动，这有助于提升学生的自信心，同时增强他们对英语语言文化的掌握程度，从而实现学生的全面发展。

第四节　在整本书阅读中提高学习能力

在初中英语整本书阅读中，学生学习能力的提升是关键。只有具备学习能力，学生才能实现可持续发展。整本书阅读的核心目的就是培养学生的学习能力。

一、整本书阅读培养学生的自主学习能力

传统的初中英语阅读教学以教师讲述为主，在这样的课堂教学中，学生的位置显得尤为被动。教师应通过多种方式构建良好的阅读氛围，激发学生

的英语学习兴趣，提高学生的自主学习能力。

（一）学生自主学习的必要性

初中英语教材的内容以西方文化为背景，因此教师在教学时应认真讲解英语文化知识。同时，学生的自主学习能力也非常重要，教师需要及时调整教学理念，根据实际情况制订合理的教学方案，激发学生学习英语的积极性。在开始教授新课之前，教师可以让学生预习，查阅相关资料，了解具体内容，从而引导学生更好地进行自主学习。英语整本书的阅读属于较为自主的学习行为，教师应设法调动学生的学习主动性，为整本书的阅读提供足够的知识储备。

（二）培养初中英语自主学习能力的措施

1. 激发与培养学生的自主学习意识

不论学习哪门学科，自主学习能力对于学生来说都非常重要。但这需要教师的准确指导，特别是在阅读方法上的指导。例如，在英语整本书阅读的教学课堂上，教师可以安排一些与整本书阅读相关的英语小知识有奖竞猜活动，让学生用流利的英语回答，从而感受到自主参与的乐趣。这样也能有效提高学生的英语能力。

2. 帮助学生细化自主学习计划

当学生明确学习目标后，教师应帮助学生细化自主学习计划，培养其自主学习能力。第一，安排一定的时间让学生熟悉书中的单词、词组和句式，掌握基础知识，为自主学习奠定基础。第二，学习书中涉及的时态和语法。教师应在不同时态的场景中举例解疑，然后让学生自主阅读文本并完成阅读习题。第三，在课程结束前，教师应预留合理时间为学生答疑，这有助于学生解决自主学习中遇到的问题。教师应根据答疑情况判断学生是否掌握了书中内容，有针对性地提出建议，并安排学生利用课余时间进行复习。通过帮助学生细化自主学习计划，教师不仅能改善学生自主学习的条理性，还能有效提高其自主学习效率。

3. 构建和谐的学习环境

学习环境的优劣会影响学生学习能力的发挥，因此教师需要为学生构建一个和谐的学习环境。教师与学生之间应加强互动交流，让学生感受到教师的关心，从而建立良好的师生关系。这种新型的师生关系可以让学生在愉快的心情下自主学习，并提高他们对英语学习的兴趣。在课堂教学中，教师应为学生营造愉快、轻松的学习氛围。

4. 利用技术赋能学生自主学习能力的培养

培养初中生的自主学习能力，教师不应再采用传统的教学方法，而应开展更为新颖、独特、个性化的教学。从教学资源方面来看，需要引入更为先进的教学设施。教师利用科技产品引导学生阅读，例如使用平板电脑或智能手机进行阅读训练。学生可以随时在线查询阅读中遇到的生词，或在线搜索英语阅读中的文化背景，这样他们的自主阅读学习能力就会逐渐提高。

5. 为学生提供独立学习机会

在课堂教学中，教师应为学生预留充足的自主学习的时间和空间。在布置家庭作业时，教师可以安排必做和选做的作业。在英语写作和表达中，让学生自由发挥，养成良好的英语学习习惯。此外，在英语的实际应用方面，也应该给他们留出展示的机会，这样既能提高学生的英语表达水平，也能增强他们的创造力与合作能力。

二、整本书阅读促使学生英语学习能力的提高

（一）初中英语阅读学习的现状分析

1. 阅读技巧掌控能力较差

教师缺乏对学生阅读策略的指导，忽视了学生对文本知识的深入理解，因此难以帮助学生建立使用英语的观念和习惯，更谈不上培养文化意识和语感。阅读教学仅限于课本，没有补充课外阅读材料，导致学生的阅读范围不够广泛，阅读量不足。尤其是在课外阅读量方面，未能达到新课标的要求。

2. 不良的英语阅读习惯

很多学生的阅读练习都是在课堂上完成的，对于课外阅读很少涉及。因此，学生欠缺阅读思维能力，缺乏对英语阅读技巧的掌握。还有部分学生在进行阅读训练时，仅仅满足于对篇章表面的理解，并不能在阅读过程中准确地找出篇章的核心内容及问题的答案。正是这些不良的英语学习习惯导致了他们的阅读学习效率难以提升。

（二）初中英语阅读能力培养的有效策略及模式

1. 阅读策略一：问题链在深度阅读教学中的应用策略

从教师的角度来看，优质的问题有助于实现阅读教学目标，帮助检测并了解学生对文本语言的内化程度，并促进学生构建有层次的思想交流，落实学生核心素养的培养。从课堂教学的角度来看，教师提问的高质量保障了师生互动的高质量，有助于促进深度学习的发生。因此，教师在阅读教学中应优化问题设计，形成从逻辑性到批判性和创造性逐层递进的问题链，利用有效的设问激发学生的阅读兴趣，促进学生对文本的多维度解读和深度理解；同时，调动学生的思维，扩展思维广度，增加思维深度。学生在积极思考的基础上，寻求发现并解决问题的具体途径，提高独立探究能力以及分析问题和解决问题的能力。

教师在设计问题时要注意由浅入深、由易到难，使各个层次的学生都能参与到问题的思考中。教师还要基于单元主题和文本主题，设计完整且有逻辑性的问题链，为学生搭建学习阶梯，引领学生逐步探索，并在整体上把握文本的内涵意义和核心价值。

在进行问题设计时，教师应注重联系学生的现实生活，思考问题是否具有一定的启发性，并能在一定程度上激发学生的想象力。同时，教师要培养追问意识，丰富提问的形式，认真倾听学生的表达，根据学生的回答进行深层次的追问。教师可以根据学生的实际情况设计个性化的问题，帮助学生建立文本与生活之间的联系，激发学生发现问题和解决问题的积极性。

例如，在阅读前阶段，教师可以鼓励学生用提问的方式表达自己对内容的期待，如 "What do you want to know about this passage?"；在阅读阶段，鼓励学生就所读内容提出问题；在阅读后阶段，可以通过角色扮演、访谈、答记者问、观察员提问等形式，让学生对文本内容或人物进行提问。同时，要注意营造轻松、和谐的课堂氛围。有的学生提出的问题可能看似奇怪，但角度新颖，教师应当接受并鼓励学生多提问；还有的学生可能不知道如何提问，这就需要培养他们的提问技巧。经过不断的实践和反思，最后制定出问题链在初中英语深度阅读教学中的应用策略思维导图（图 2-3）。

引起兴趣 —— 教师在阅读教学前要通过问题链将师生的生活经验与主题情境相联系，从而让学生产生阅读兴趣 } 是深度学习发生的前提

产生困惑 —— 问题是思维的起点，但在问题产生之前内心要存有困惑。阅读教学中，当学生产生了真正的困惑，就会被卷入到学习的自然状态中 } 是深度学习发生的关键

获取信息，整合内容 —— 教师在设置问题链时要基于语篇类型，渗透获取文本信息，理解文本内容的基本路径和思维方法

深入语篇，探究意义 —— 教师要察觉到文本中处于不同层级和具有不同价值的信息点

激活批判性思维 —— 教师在教学中要找准语篇中有争议价值的话题，基于客观事实有理有据地设置问题，推动学生围绕争议点开拓思路，展开探究

迁移应用，解决新问题 —— 美国国家研究委员会将深度学习定义为"一个人有能力将一种情境的所学运用到新情境的过程" } 主干问题应该在逻辑上与语篇保持一致，子问题应当丰富语境的细节，并暗示学生解决问题的基本思路，降低问题解决的难度

问题链在深度阅读教学中的应用策略

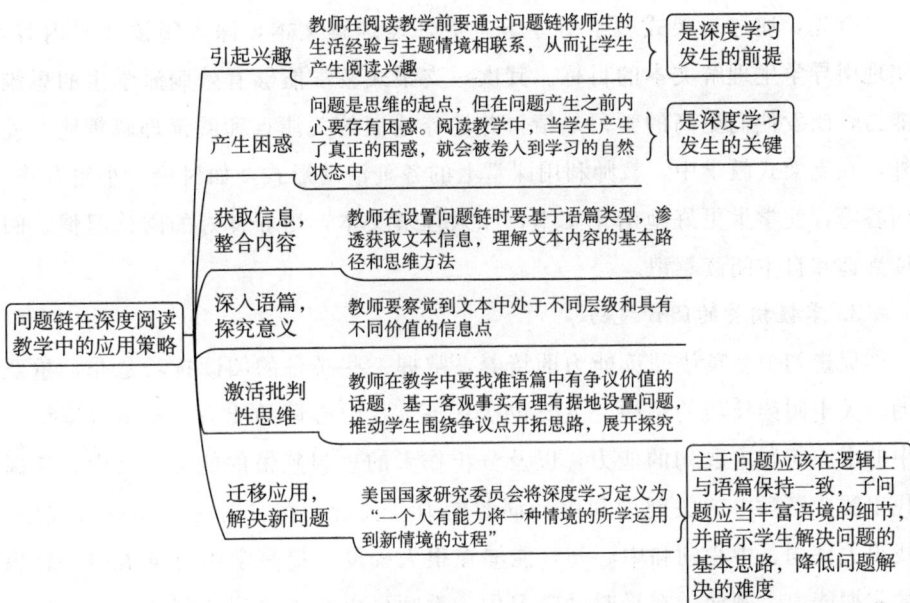

图 2-3 问题链在深度阅读教学中的应用策略

2. 阅读教学策略二：支架式阅读教学策略

支架式阅读教学策略（图 2-4）是帮助学习者穿越最近发展区、建构新知的重要方式。在初中英语阅读课堂教学中，教师应认识到支架的重要性，做到"适时搭架"，同时注意赋权于学生，做到"及时撤架"，使学生能够充分发挥自主性，在支架的辅助和引导下，主动建构意义、内化知识、生成语言。

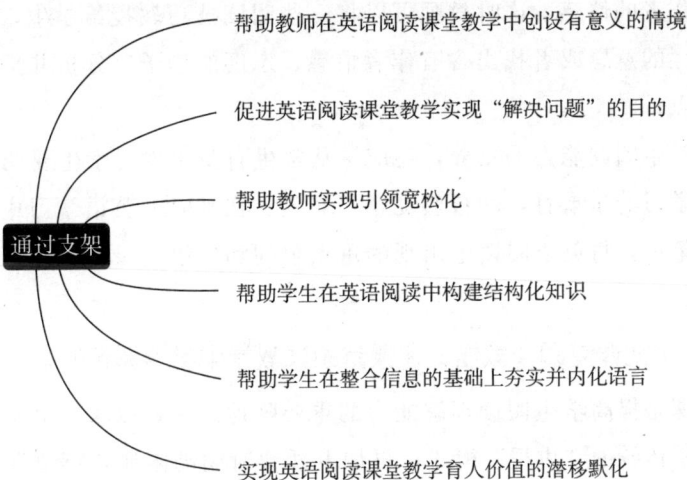

通过支架

帮助教师在英语阅读课堂教学中创设有意义的情境

促进英语阅读课堂教学实现"解决问题"的目的

帮助教师实现引领宽松化

帮助学生在英语阅读中构建结构化知识

帮助学生在整合信息的基础上夯实并内化语言

实现英语阅读课堂教学育人价值的潜移默化

图 2-4 支架式思维导图

首先，通过支架式教学引导学生更好地理解文本，深入阅读文本内容，实现引导学生理解文本的目标。其次，支架式教学能够有效刺激学生的思维能力，激发他们更高的学习热情，并培养他们的关注点和阅读理解策略。此外，在支架式教学中，教师利用课堂上的各种活动形式，如讨论、小组合作、问答等，使学生更好地消化文本，深入理解文本，培养良好的阅读习惯、阅读兴趣和自主阅读意识。

3. 掌握相关的阅读技巧

促进初中生英语阅读能力的培养，掌握一些必备的阅读技巧是非常重要的。关于阅读技巧的掌握，主要包括具备寻找中心词的能力、找出阅读篇章中的中心句和主题句的能力，以及分析作者的思想感情的能力。其中，掌握找出阅读篇章中的关键词和中心词的能力是关键。在日常英语阅读过程中，找出关键词、中心词和中心句，能够在很大程度上提高学生对英语中心思想的掌握能力。例如，在平时的学习中，教师可以在英语阅读测试中，让学生找出篇章中的主题句和中心词，以增强学生的阅读能力。另外，分析篇章中作者所要表达的思想感情，推测作者的思想也是非常重要的。在某些篇章中，作者对于观点和情感并不会进行直接表达，因此，学生在阅读时可能很难掌握作者的思想情感和观点，这就需要学生具备推测作者思想的能力，能够根据整篇篇章，合理分析作者的观点和感情。例如，在阅读一篇关于论述科技成果的文章时，作者在文中的态度和观点可能保持中立，学生在阅读时可能很难掌握作者的情感，这时教师可以将一些阅读技巧教授给学生，如重点分析篇章结尾的意思或者找出含有作者情感、态度的句子，分析并猜测作者的态度和观点。

促进学生阅读能力的培养，还应该从学生自身出发。学生要明确阅读能力对自己学习的重要性，积极转变学习态度。在平时的英语学习中，学生也要注重记笔记，将英语阅读中出现的重点单词和短语记录下来，经常翻阅以加深印象。

（三）重视课堂阅读教学，在课堂阅读教学中学习阅读方法

阅读课是提高学生阅读理解能力的重要阵地。一直以来，由于教学条件受限于英语传统的"讲授"模式，再加上授课时间的限制，英语课堂教学主要以讲解词汇和分析句子结构为主。在词汇量方面，学生掌握得较好，但由

于在篇章理解中只注重句子结构的分析，学生只学到一些语法规则，却没有掌握好各种阅读方法。

因此，在备课时，教师要精心设计每一单元的章节导入，采用多种教学方法吸引学生，激发他们的阅读欲望。当学生的兴趣与好奇心被激发后，教师可以安排学生进行"速读"。在第一轮阅读之后，学生可以回答一些简单的问题，这些问题的答案最好能直接在课文中找到。在此过程中，教师应给予适当的支持与鼓励，这样学生就会对下一轮的"精读"更感兴趣。教师可以设计一些有难度和深度的问题，比如让学生划分篇章结构，讨论主题思想，或就某一问题展开辩论，表达自己的观点。最后，教师要让学生复述内容。每一课都要求学生复述学习内容，这样学生在阅读过程中就会更加积极主动地搜集和记忆信息，逐步提高在短时间内存储大量信息的能力。

（四）培养良好的阅读习惯，提升阅读效率

良好的英语阅读习惯要求学生平时多朗读、背诵精彩段落和篇章，以培养语感。然而，学生在阅读时如果发出声音、用手指着读或回读等，又会影响阅读速度和对篇章的理解。因此，在学习过程中，教师应纠正学生的不良阅读习惯，确保不回读、不发声、不用手指着读。只有这样，学生的阅读速度才能加快，理解的准确率才能提高。阅读速度的快慢是衡量阅读能力高低的重要标志。学生应学会按照意群阅读，摆脱逐词阅读，以提高阅读速度和理解的准确率。

（五）学会猜测生词，进行计时阅读

学生在阅读过程中常常会遇到不认识的单词，这是正常的现象。在这种情况下，应培养根据上下文和语境推测词义的好习惯，以保持阅读的连贯性，不至于因为生词的出现而影响阅读速度和对文章整体的理解。学生在阅读过程中可以暂时不查词典，而是学会根据上文猜测词义。阅读完整本书后，再通过查字典的方式来检验自己对词义的猜测是否准确。如果基本准确，可以进一步了解其涵义；如果不正确，则进行修正。学会推测陌生词汇的涵义，可以显著提高阅读速度。

（六）丰富文化背景知识，降低阅读理解难度

在整本书的阅读中，其中不少内容是相互关联的。如果学生平时在学习

中接触过此类文化资料，就可以产生联想、猜测、迁移和推断，从而提高阅读理解水平。比如，学生在阅读《鲁滨孙漂流记》时，如果知道这个故事是关于鲁滨孙流落荒岛的经历，就可以对文章的理解产生一些有益的帮助。

初中阶段学生的阅读材料主要包括两类：记叙类篇章和说明类篇章。记叙类篇章主要涉及西方的幽默故事、名人故事和一些重大的历史事件。说明类篇章则主要介绍一些名人的生平、著名的工程、西方的风俗习惯、英美概况以及一些科普知识。在阅读教学过程中，教师可以结合阅读内容介绍背景知识，或集中讲解，或有意渗透。在阅读篇章内容之前，教师应介绍篇章的相关背景知识，让学生了解篇章的大致内容，从而减少阅读理解的难度。

为了培养学生的英语阅读能力，还需注重课外阅读，鼓励他们了解西方文化、名人轶事、科普知识和最新的科技成果，并在课上或课外进行交流，共同提高。学生阅读能力的培养和提高是一个长期而自主的实践过程。教师应及时利用教材打好基础，在扩大学生阅读量和提高阅读速度的同时，着重提高阅读的有效性，并反复训练阅读技巧，从而真正提高学生的阅读理解能力。

三、整本书阅读提升学生阅读素养

英语阅读能力一直是中学生的弱项，学生普遍感到阅读困难、速度慢、时间不够用，词汇量匮乏，无法正确理解全部信息等。在进行英语整本书阅读时，教师应合理运用多种阅读方法，如整体教学、精读和略读训练等，以有效提高学生的英语阅读能力与素养。

（一）指导学生掌握阅读技巧

阅读的最终目的是理解文章，掌握信息。阅读技巧就是在尽可能短的时间内掌握每篇文章所包含信息的方法。不同的阅读方法会影响学生理解文章所需的时间。教师一方面要教给学生灵活运用不同的阅读方法（如泛读、略读、跳读、细读），在扩大学生阅读量和提高阅读速度的同时，着重提高阅读效率，并反复训练理解技巧；另一方面，要教会学生多角度、多层次地思考和分析，例如：如何理解和阐述支持中心思想的事实和细节，如何从字里行间读出作者的言外之意，如何进行梳理归纳，如何进行逻辑推断，以及如何理解人物性格等。

（二）精心选择阅读材料

当书籍容易获取、环境中充满读物时，阅读便会自然发生。教师可以为整本书阅读增添相关书籍，如"黑布林英语阅读""黑猫英语分级读物"等，并将其放置在图书馆或班级书架上，以便学生随时借阅。此外，阅读材料应题材广泛，涵盖科普、故事等内容。这样，不仅能够提高学生的阅读理解能力，还可以帮助他们了解文化背景知识，从而增强他们的阅读兴趣。

（三）增加学生的词汇量积累

在实际教学中，不少学生存在"谈词汇则色变"的情况，时常抱怨英语词汇过多且不易记忆。然而，缺乏必要的词汇积累，在阅读过程中，大量生词就会成为"拦路虎"，阻碍学生理解篇章。在词汇学习中，教师应引导学生掌握单词的词性、含义及用法。例如，对于"absent"这样的多义词，有"缺席的""心不在焉的"等不同含义，就应结合具体语境进行学习和记忆。此外，教师要重视增加相关词汇的积累，提高词汇的重复率，以帮助学生记忆和使用词汇。学生也应掌握不同的构词法，如单词的前缀、后缀、词性转换等，以提高词汇记忆的效率。

（四）关联训练中强化活用能力

理解段落中句子之间的逻辑关系，找出篇章主题，理解故事内容，理顺文本情节，这是学生必须掌握的技能。在实践训练过程中，题目的设计至关重要。教师要考虑文本特点，设计关联性的训练，还要借助练习题将知识串联起来。这样的训练才是成功的，才能使学生获得学习的主动权。在开展训练时，教师必须遵循学生的认知特点和阅读规律，设计趣味化、有针对性、系统性的实践。通过演绎训练和知识竞赛，学生可以获得更深刻的感知。

（五）鼓励学生大胆猜测新词

在实际阅读过程中，每个学生的词汇量都是有限的，要完成整体篇章的阅读和理解，就必须具备推测生词的能力，从而实现连贯阅读，保证阅读的速度和质量。在文本中遇到生词时，可以运用以下方法来解决。第一，如果是专有名词，可以先判断其是地名还是人名，如果词汇的信息量不重要，那么大致掌握即可。第二，通过构词法来推断。例如，以-er 或-or 结尾的词通常指某个行业的人，如 farmer 等；以-ics 结尾的词汇通常指某种学科；以

dis-、im-等为前缀的词通常表示否定的含义。学生可以结合一定的构词规律来推断生词的意义,快速而准确地理解篇章的大致含义。

(六)构建良好阅读体验氛围

只有在轻松的氛围中渗透英语素养的培养,才能让学生牢记于心。教师应重视学生对英语阅读的认知和兴趣,从略读到精读,阅读速度从慢到快,让学生认识到英语阅读的必要性。在阅读过程中采取循序渐进的方式,使学生对英语产生兴趣,达到最佳的学习效果。

(七)搭建学生自主学习平台

通过教师上传的英语阅读材料,学生可以增加英语的阅读量。借助多媒体的教学模式,教师能够通过后台及时掌握学生的阅读情况,查看他们在英语阅读课程中的学习进度和完成度,并能够有针对性地进行线上指导,从而促进师生之间的良好交流。这也有助于学生更有效地利用互联网,方便他们日后更好地学习英语。

(八)采用多样化的阅读教学模式

教师应认识到学生在学习中的独特地位,采用多样化的阅读教学方法,充分发挥学生的主观能动性,从而提高阅读教学的质量。

布置阅读任务可以有效调动学生的学习积极性。任务型阅读是指在初中英语阅读教学中,以具体的阅读任务为基础,通过师生互动,学生结合生活实际,完成教师布置的阅读任务。在此基础上,训练和运用阅读策略和技巧,培养学生的自主阅读能力。任务教学法应做到任务明确、可操作性强,其方式和内容应从学生的实际生活和自身兴趣出发。每个学生都有明确的任务,并参与到课堂互动交流中,从而提高学生的学习兴趣,进而提升学生的语言运用能力。

分组合作学习,提升英语阅读效果。合作学习是根据学生的能力、性别等因素将学生分配到不同的小组中,通过学生之间和师生之间的互动、互助、讨论交流、沟通等方式,提高个人的学习效果,并实现团体学习目标的一种学习方式。在英语阅读教学中,教师实施分组合作学习模式可以充分调动学生的学习积极性,提高学生的阅读兴趣,增强学生的合作意识和自学能力。

第三章

核心素养引领下的初中英语
整本书阅读实践要求

基于英语学科的核心素养，初中生在进行整本书的英语阅读实践时，需要选择合适的书籍，并制订详细的阅读计划，合理安排阅读时间，以确保整个阅读活动能够有条不紊地持续进行。此外，初中生还应掌握有效的阅读技巧，以提高整本书阅读的效果。

第一节 选好阅读书籍

初中英语整本书阅读教学的开展不仅能够丰富学生的理论知识，拓展学生的学习视野，还能够最大程度地提升学生的英语阅读能力。立足于教育改革的新时期，教师需要深入探索和研究整本书阅读教学所呈现的新特点，并结合学生的实际学习情况，探索提高整本书阅读教学实践效果的策略。

一、整本书阅读教学书籍的选择

开展整本书阅读教学时，选书是关键。只有语言难度符合学生的阅读水平、内容难度符合学生的认知水平，并能体现多样化文本类型的书籍，才是最合适的。教师在选择初中英语阅读书籍时，应将初中生的理解能力和兴趣作为参考。初中生正处于对世界初步了解的阶段，难度较大的篇章不利于他们的阅读，而且过多的文字会削弱他们的阅读兴趣，无法实现教师的教学目标。有趣的书籍能让学生愿意静下心来阅读，而便于理解的书籍则符合初中生的理解能力，使学生能够读懂并深入理解。

（一）阅读内容方面，语言地道且主题意义积极向上

阅读的目的不在于完成任务，而在于获得良好的阅读体验以及相关能力的提升。在整本书阅读教学活动的开展过程中，阅读教学内容的选择是影响教学活动有效性的关键，更是保障学生学习效果的前提。在内容选择上，教师需要遵循以下原则。

（1）地道的语言环境是学生提升阅读能力的关键。因此，在选择整本书阅读教学内容时，教师要注意作品语言的地道程度。在地道的语言环境中，作品内容才能更好地展现，学生也能基于地道的语言环境，更准确地把握作品反映的社会文化和作者的思想。

（2）在确保语言环境地道的基础上，教师还应选择主题鲜明且积极向上的文学作品来开展整本书的阅读教学。初中学生思想波动较大，主题积极的作品能够带给学生积极的情感体验，对学生思想的建设和思维的发展起到积极的推动作用，帮助教师实现素质教育的目标。此外，教师需要注重选择内

容难度适中的作品。鉴于学生的语言学习能力整体上还有所欠缺，教师应确保所选的阅读教学内容符合学生的学习能力，以更好地维持学生的学习积极性。

（二）书籍类型方面，选择合适的图书类型

在英语整本书阅读环节中，部分教师会直接指定学生阅读的书籍，导致学生对书籍的阅读欲望较低。面对这种情况，教师应将学生转化为阅读的主体，确保学生能够以读者的视角进行阅读，充分发挥其主观能动性，以提升阅读效果。学生对不同类型的英语著作，阅读兴趣存在差异。因此，教师应让学生根据自身的喜好，选择感兴趣的阅读内容，从而发自内心地欣赏与阅读作品。英语图书的类型包括启蒙书、童话书、自传及寓言故事等，教师需要讲解不同类型图书的特点，让学生能够根据自己的喜好选择合适的图书。例如，在讲解图书类型的过程中，如果发现大部分学生对寓言类图书兴趣较高，教师可以向学生推荐阅读《格林童话》《伊索寓言》等书籍，以满足学生的阅读需求。初中学生通过自主选择图书类型，可以提高阅读兴趣，有助于完成整本书的阅读。在确定课外英语阅读书籍时，教师应以提升学生阅读能力、提高学生阅读兴趣为出发点。例如，在讲解完"Amazing things"主题后，教师可以选择学生感兴趣且与这一主题相关的英语读物，如《绿野仙踪》，该书讲述了主人公多萝茜在旅程中所见所闻的一系列令人惊奇的事物。学生在阅读过程中会无形地受到主人公乐于助人、真诚待友品质的影响，从而在精神层面得到升华。教师可以结合课程内容挑选合适的书籍让学生进行整本书的阅读，不仅能提升学生的阅读量、激发其对英语学习的兴趣，还能在更深层次上促进学生综合素质的培养。相比于单纯的作业训练，这种在阅读中成长的方式更符合初中生的成长特点，不仅减轻了学生的学习负担，还能提升其阅读能力。

（三）阅读主题方面，尽量选择初中生感兴趣的主题

当学生熟练掌握词汇、语法等基础知识后，就可以进行整本书的阅读。初中生应不断提升英语阅读的技巧和方法，并克服学习中的情感困难，提高对英语学习的热情。在英语整本书阅读教学中，如果没有选择合适的书籍，学生可能会因为对内容缺乏兴趣而退缩，或者无法继续学习，这样整本书的

阅读教学就会变得无用和无效。为了促进学生的发展，教师应在每个学期安排多种难度的阅读材料，让学生根据自己的学习水平进行选择，如故事小说、科幻小说、战争文学等，以确保每个人都有自己喜欢的书籍。

（四）阅读认知方面，选择契合学生思维水平的阅读书籍

初中生虽然具备一定的英语基础，但认知能力仍十分有限。因此，教师在开展整本书教学时，应尽量选择合适的书籍，鼓励学生进行整本书的阅读，为阅读教学的顺利进行奠定良好的基础。在开展阅读教学指导时，教师应认真研究教学内容和教育目标，以充分了解学生的认知能力。此外，教师还需加强与学生的沟通，了解他们的书籍偏好，搜集符合学生认知特点和学习兴趣的英语书籍，选择展示积极价值观的经典英语书籍作为重要的阅读内容，如 *The Little Prince*（《小王子》）、*Great Expectations*（《远大前程》）、*Who moved my cheese*（《谁动了我的奶酪》），以及 *Oliver Twist*（《雾都孤儿》）等。为了激发学生的阅读兴趣，教师可以在授课时展示自己收集的英语书籍，允许学生自由选择他们喜欢的类型，使阅读书籍更具自由性。这样一来，学生能够根据自己的喜好阅读 fable book（寓言书）、romantic novel（浪漫小说）、detective novel（侦探小说）、realistic novel（现实主义小说）、documentary fiction（纪实小说）等多种类型的书籍，激发他们对阅读的期待感，以更积极的态度投入书籍的阅读中。教师也因此能够顺利实施整本书阅读教学策略，有效促进学生能力的发展。总之，要做好整本书的阅读，书籍的选择至关重要。初中英语教师需要加强对学生的引导，帮助他们选择优质书籍，以促进学生的全面发展。

（五）阅读难度方面，选择那些难易相当的书籍

许多初中生对英语课外阅读存在较大的抵触心理，为此，教师应选择难度适中的课外阅读材料，以贴近不同层次学生的学习能力。此外，由于英语阅读书籍种类繁多，教师需要根据学生的学习能力选择合适的课外阅读材料。例如，对于学困生，应选择一些较简单的材料；对于中等生，应选择一些具有一定难度的材料；对于优等生，则应选择难度较高的材料。教师选择适宜难度的材料，使不同层次的学生都能体验成功的乐趣，激发阅读兴趣，增强探索欲望，从而进一步提高整体阅读效果。

（六）阅读兴趣方面，尽量选择有趣味性的书籍

初中生的心智尚未成熟，在学习时自制力较弱。学习动力一部分依赖于趣味性和求知欲，因此教师在选择书籍时可以适当考虑这些因素。例如，教师可以选择情节丰富的故事书，因为学生对故事书的兴趣通常高于其他体裁的文章。此外，英语阅读相较于中文阅读更具挑战性，因此更需要趣味性来激发学生的阅读兴趣。学生在对文章产生兴趣后，会自主探究并进行思考。当遇到不理解的单词时，他们也会主动查询，从而学习更多的知识。

例如，《丽声三叶草分级读物》中包含多种类型的故事，如 *A Birthday Cake for Ben* 和 *Pussy and the Birds*。学生们可以根据自己的兴趣选择阅读材料。学生在阅读故事时，最需要的便是趣味性。当故事足够吸引人时，他们就更愿意读下去，即便是英语类的故事也是如此。因此，在选择书籍时，教师首先要考虑的是文章是否能够激发学生的兴趣，使他们愿意探索文章的内涵并进行相应的思考。

（七）阅读体验方面，选择有图画的书籍

带有插图的书籍，相较于纯文字书籍更能引起学生的兴趣。人的大脑对图画的记忆能力比对文字的记忆能力更强，结合图画进行阅读也可以帮助学生记忆单词的意思。此外，图画还可以帮助学生理解篇章的大意。教师可以选择插图较多的书籍，让学生能够通过图画沉浸在篇章中，享受阅读的过程，从而更深入地理解篇章内容。

《丽声英语绘本剧》中包含许多绘本式篇章，如 *Humpty Dumpty's Fall* 就通过图画形式讲述了蛋头先生的经历与见闻。生动有趣的对话和可爱的插图帮助学生理解篇章所要表达的意思。对话形式更加口语化，与传统教学内容中的英语句型有所不同，使学生能够了解更多的句式。《丽声北极星分级绘本》中的 *The Village Show* 则通过每个句子配以相应的插图来帮助理解，利用图画为英语句子进行解释，使学生能够结合图画更好地理解英语句子的含义。

（八）阅读学习成长方面，选择有一定词汇量的书籍

学生阅读课外书籍，可以扩大词汇量。在默读过程中，遇到不懂的词汇时，学生可以查阅词典，并在阅读的基础上记忆这些单词。阅读有助于单词

的理解与记忆，结合语境的学习能够帮助学生更牢固地记住单词。因此，教师在选择书籍时，可以选择那些词汇量适中的书籍，让学生在阅读中拓展词汇量。例如，《丽声北极星分级绘本》中的 *Dinner for a Dragon*，主要围绕食物的主题，使学生在食物相关词汇上有所扩展。教师在选择书籍时，应注重书籍的内容和词汇量，使学生在学习内容的同时，能够学到更多的词汇。然而，在选择阅读材料时，也应注意词汇量的适度，避免出现过多的生词，以免影响学生对文章的理解。

二、选好整本书阅读书籍后的阅读策略

整本书的阅读教学不同于课本的篇章教学。教师需要提前为学生提供相应的阅读指导，并布置适当的阅读任务。根据"整进整出"的原则，合理安排课时。要区别于传统的课堂教学模式，改变教师一人"满堂灌"的现象，真正做到以学生为主体。通过设计阅读圈、角色扮演、读者剧场等小组合作活动，增强学生的学习参与度。初中英语整本书阅读教学通常可以按以下流程进行：导读（包括教师导读和学生导读）——自读（学生按照教师分配的阅读任务进行自读）——交流（学生通过一些问题展开讨论）——延伸（教师引导学生展开多向度的延伸活动）。为了让学生更有效地进行阅读，教师可以设计以下几种课型。

导读课：教师通过介绍作者和故事背景，处理单词并选读精彩章节，激发学生的阅读兴趣。

（1）做好对作者及故事背景的介绍。为了达到更好的教学效果，教师需要充分利用一些教学辅助工具，如出版社提供的多媒体资源，包括图片、视频、音频、PPT 课件，以及相关的影视作品、作者背景资料、故事插图等。

（2）观察封面和封底，了解并确定哪些篇章需要重点关注和详细分析。为学生提供个性化的学习路径，根据他们的阅读水平和兴趣，帮助学生分析和评估阅读材料。

推进课：在整本书阅读过程中，教师通过设计阅读任务，对学生进行阅读方法的指导，解决学生在阅读过程中遇到的问题或困难，并鼓励和督促学生坚持阅读。在开展推进课时，教师可以通过以下常见的教学路径来设计教学案例。

（1）设计问题，形成问题链，帮助学生理解情节的发展。解决词汇问题之后，教师可以围绕小说的内容设计问题，以激发学生的阅读动机，帮助他们识别和回忆重要的故事情节，理解小说中隐藏的信息，并捕捉小说中的主要事实和观点。这样一来，就可以对学生进行导读，引导他们对作者的观念进行辨析与评价。问题的设计可以分为以下几个层次。

第一类是关于小说内容信息的提问，这些问题集中在文章的情节发展上，教师将其称为知识性问题，主要使用 who、what、when、where、how 等词进行提问。

第二类是评价性问题，例子如下：

Do you agree that … ?

What do you think about …?

What is the most important?

第三类是一些探究性的问题。主要是探究作者的写作意图与价值。例如：

What would you predict in/for/from …?

What ideas can you add to …?

What solutions would you suggest for …?

以此为例，教师提出了以下问题：

Who is the main character? What kind of person was she at first? The main character is Mary Lennox. At first, she was a selfish, irritable, and not particularly pretty girl.

Why did she return to England?

Because of her parents died.

Who did Mary meet in the secret garden?

Colin, Dickon and Martha.

What are the similarities between Colin and Mary?

They both had to move to a strange new place because of the death of their parents. They both loved reading and had lively imaginations.

How did Mary change? And why?

Mary transformed from a cross, spoiled girl into a happy child as the garden changed from winter to autumn.

How was Colin at last?

Colin improved and was finally able to walk because he adopted a positive mindset.

What do you think would happen in the secret garden?

Something magical happened in the secret garden; it came back to life.

教师把所有的问题答案放在一起，就形成了一篇摘要，具体如下：

Mary Lennox is the main character. She was a selfish, irritable, and not very pretty girl. Because her parents died, she returned to England. There, she met Colin, Dickon, and Martha. Mary and Colin had something in common: they both had to move to a strange new place due to the death of their parents. They also shared a love for reading and had lively imaginations. Mary transformed from a spoiled, irritable girl into a happy child as the garden changed from winter to autumn. Colin improved and was able to walk at last because he adopted a positive mindset. Something magical happened in the secret garden; it came back to life.

总之，问题不能孤立地提出，问题之间必须有联系，形成一个问题链。然后，将所有问题的答案汇集在一起，就形成了一篇摘要。同时，问题的设计要具有实效性，能够帮助学生进行深入的思考。

（2）图片环游：教师带领学生浏览书中的插图，在讨论和分析图片意义的过程中帮助学生了解故事的大致脉络。活动从学生的经验出发，通过观察、分析图片信息进行预测。在分析和解决问题的过程中，学生不仅可以学习语言知识，还可以体验阅读过程，运用阅读技巧和策略，提升思维与想象力。该活动的优点在于能够激发学生的好奇心，优化教师授课的效果，还能帮助学生养成良好的阅读习惯，使他们能够结合已知内容，自主对未知知识进行大胆预测和猜想。

（3）阅读圈：指学生基于不同角色组成小组深入研读同一篇文本的合作学习活动。开展阅读圈活动的主要方式是让一组学生阅读同样的故事，每个人负责一项工作，进行有目的的阅读，并与组内同伴交流和分享。活动中主要的角色包括：阅读组长、总结概括者、文化连接者、实践生活连接者、词汇大师、篇章解读者。在开展阅读圈活动时，教师还需要注意以下事项：

①提前做好角色设计和任务要求；②初次开展该活动时，要确保指示语清晰简洁，尽量通过示范或举例的方式进行说明，交代清楚每一项具体任务，确保每个学生在活动中能承担并完成好自己的小组角色；③从学生的多元智能出发，设计相应的角色，激发每个学生的学习积极性，确保每个学生都能受益。英语阅读中，教师可鼓励学生先自主进行英语阅读，再运用"阅读圈"进行小组合作讨论，使学生以积极主动的态度参与讨论，享受其中的乐趣。这不仅可以激发他们的英语学习动力，还能在角色任务的驱动下深入阅读，不断构建语言知识和文化意识，进一步培养学生自主学习和合作的能力，从而体悟到英语学习的价值。

以上教学路径可以在每次的阅读活动中使用一种或几种。其中，问题链的设计几乎在每次活动中都会用到；图片环游适合英语程度较低的学生，而阅读圈教学适合具有一定英语基础的学生。

汇报课：在完成整本书阅读后，学生将分享他们的阅读体会和收获。分享内容包括对书籍内容的回顾、人物的评价、主题的探索、片段的演绎以及故事的续写。鼓励学生创造性地表达对故事的感受，促进知识的迁移与创新，体现学生在学习中的主体性。具体做法如下：

（1）引导学生进行主题探索。主题是最难理解的故事元素。主题不是情节，而是作者表达的一种观点、一种人生哲理或道德观念。通常，主题隐藏在故事情节中。那么，教师应该如何引导学生寻找小说的主题呢？首先，教师需要了解学生所阅读书籍的主题类型，例如 friendship and love（友谊与爱）、war and peace（战争与和平）、good and evil（善与恶）、life and death（生命与死亡）、human and nature（人类与自然）、traditional and change（传统与变革）等。这里以 *Secrect Garden*《秘密花园》为例，谈谈教师是如何寻找小说的主题的。

故事中，主人公 Mary Lennox 的父母在印度去世后，她被送到英国舅舅家的庄园生活。在那里 Mary 发现了一座荒废多年的秘密花园，并结识了卧病在床无法行走的表亲 Colin，能与小动物交谈的 Dickon，以及和蔼却沉默寡言的 Weatherstaff。他们一起打理秘密花园，Mary 和 Colin 在此找到了友谊、健康、快乐和自信。秘密花园为他们的生活带来了爱和希望。教师通过分析故事内容，将四季的循环与人物的成长变化相对应，突出 nature（自然）这一主题；并引导学生通过分析人物的语言、动作、情感等，感知角色特征，学会积极思考。

（2）指导学生制作读书笔记思维导图。读书笔记思维导图是解读文章思维导图的升级版，其目的是将书中知识点分类、分层，以线条贯穿始终，将吸收的内容以系统化、图形化的方式呈现，帮助学生更好地理解、记忆和复习。其主要步骤如下：①浏览目录，了解书中的大概内容；②标注关键词，重点内容直接在书上绘制简易思维导图；③将单章内容整理为一张思维导图；④全书阅读完成后，将所有章节的思维导图整合并浓缩为一张图。

（3）指导学生进行读后续写。这个环节主要针对基础较好的学生。首先，通读全文，理解文章内容。通读全文时要解决好五个 W 和一个 H 的问题，即理清人物（who）、地点（where）、时间（when）、事件（what）、原因（why）及事件如何发展（how）。其次，构思情节，谋篇布局。按照原文中事件发生的逻辑性，合理构思情节发展，这个发展须符合情节内在的逻辑。因为这不是在写科幻小说或神话，所以应符合现实发生的真实性。最后，要理清逻辑，优化语言，尽量使用符合英语习惯的句子。

第二节　做好阅读规划

制订合理的阅读规划对于初中英语整本书的阅读有极大的促进作用。阅读规划需要根据学生的实际情况以及所选择的阅读书籍来制订。

一、激发学生整本书阅读兴趣，培养良好阅读习惯

阅读是在语言学习中需要重点训练和培养的一项能力，也是获取语言知识的一条便捷有效的途径。对于初中生来说，英语是一门陌生的学科，因此，培养他们对英语学习的兴趣正是英语学习入门的关键。

（一）创建和谐师生关系，激发学生的整本书阅读兴趣

在学生英语学习过程中，教师是学生的引路人，其语言和行为对学生的学习有很大的影响。因此，教师应与学生保持融洽的关系，以缩短彼此的距离，促进轻松的沟通和交流，自然地激发学生的学习兴趣。学生能够

无负担地向教师请教问题，这有助于学生在提问和交流中轻松地学习和进步，进一步培养学生对英语阅读的兴趣。因此，教师应时常对学生微笑，并给予鼓励，缓解他们的紧张情绪，帮助学生纠正阅读中的错误，吸收相关知识。同时，教师还应经常表扬和启发学生，使他们对英语的兴趣更加浓厚。

（二）通过相关知识，加深学生的整本书阅读兴趣

在教学中，教师不仅要讲授语法和词汇等基本知识，还应向学生介绍与英语国家相关的文化知识，拓宽学生的视野，加深学生对英语阅读的兴趣。例如，教师可以结合时代背景和时事热点，讲述相关人物和事件，以及世界其他国家的一些文化习俗、礼仪和历史等知识。这样不仅可以提高学生的阅读兴趣和能力，还能促使他们了解国际大事及各国的文化背景。学生积累的相关知识越多，就越容易理解阅读材料的内容。认识到这一点，教师在教学中应充分利用教材，加强对学生的人文地理知识教育，帮助他们了解这些知识对英语学习的重要性，从而提升英语阅读能力。

（三）选择趣味题材，进一步培养学生的整本书阅读兴趣

英语阅读能力的培养应该从学生感兴趣的阅读题材开始。俗话说"兴趣是最好的老师"，因此，为了增强学生的学习兴趣，教师应选择合适的阅读材料。第一，教师应鼓励学生寻找自己感兴趣的英语文章来阅读，并向他人推荐和介绍。第二，教师可以收集并讲述一些幽默的英语小寓言和小笑话，活跃课堂氛围，并讲解其中有用的知识点。这样既能活跃课堂气氛，又可以在一个相对轻松的环境中巩固学生的英语知识，进一步激发和培养他们对英语阅读的兴趣。

（四）基于阅读阶段，传授对应阅读技巧

融洽的师生关系、相关知识的学习和拓展、合适的教材都是必要的，而在不同阶段采用合理的阅读教学方法也非常重要。对于不同的阶段，教师应该采取不同的指导策略，这样才能有效地培养学生的英语阅读能力。

首先，在阅读准备阶段，教师可以通过材料的题目等信息，鼓励学生预测篇章的内容。这种方法可以激发学生的探索兴趣，使他们主动去阅读和探索。教师还可以讲解学生不熟悉的单词和语法，帮助他们清除在阅读中可能

遇到的障碍，从而顺利理解阅读内容；通过讲解相关知识引入阅读，并提出问题，让学生边读边思考，从而提高学生的学习能力。

其次，阅读过程中应该做到以下两方面：第一，教师应为学生设计好阅读反馈单，指导学生在阅读后填写；第二，教师根据学生的反馈信息检查学生对材料的理解程度，并设计小组活动，引导学生进行深入的讨论与交流，加深对材料主题的理解与思考，表达自己的观点。

最后，在阅读结束后，教师可以开设阅读分享课。教师可以设计不同的问题情境与任务，如使用五指图梳理文章、图片排序、图片环游、设计小品剧等，促使学生从多维度理解材料。

培养学生的英语阅读兴趣不是一朝一夕的事。教师需要采取正确的措施，激发学生对英语阅读的兴趣，进而提高他们对英语阅读的理解能力，掌握相关阅读技巧，形成良好的阅读习惯，为以后的英语学习打下坚实的基础。

二、学会设计阅读"导学案"

基于初中英语课程改革的不断深化和课堂变革的需要，"促进有效学习"的课堂变革势在必行。这以学生学习方式的转变为重点，重构"以学为中心"的课堂结构。导学案因其导学功能，以及关注学生的学习状况和自主学习的特点，在此次变革中凸显优势。它能帮助学生提高阅读技能，增加学生自主阅读的参与度，培养学生的自主学习能力。

（一）"导学案"概述

"导学案"是一种教学模式，以学案为载体，以导学为方法，以教师的指导为主导，学生的自主学习为主体，通过师生共同合作完成教学任务。通常分为三个环节进行：组织准备——依案学习与交流——总结达标。

阅读导学案具有以下主要特点：

（1）目标性。导学案被称为学生学习的"路线图""方向盘""指南针"等，这充分体现了导学案设计的方向性和目标性。

（2）导学性。导学案的突出特征在于"导学"，重点在于指导学生自学，培养学生的自学能力。

（3）层次性。导学案应针对不同层次的学生进行设计，做到因人而异、因材施教；注重阅读技能的培养，从基础入手，逐步提升。

（4）拓展性。导学案中设计的阅读任务应考虑与其他技能的结合，如阅读与口语的结合、阅读与写作的融合，鼓励学生多感官参与，以提高语言运用的有效性。

（二）遵循"四性"原则，精心编制初中英语阅读导学案

根据目标性、导学性、层次性和拓展性原则，通过对同课异构学案的对比与分析，探讨如何编制高质量的英语阅读学案。

1. 吃透要求，目标明确

在阅读前阶段，教师可以介绍有关基础知识（包括语言知识等）和文化背景知识，有效地引入主题并帮助学生扫除一些影响文本主旨大意理解的主要语言障碍。因此，教师在设计学案时必须明确目标。

2. 突出特色，强调"导学"

学案是为了帮助学生自学的方案，而编写学案的目的是引导学生自主学习。学案作为阅读导学的载体主要通过完成活动来体现"导学"，这就要求学案中设计的活动既要源于课本，又要有所深化和拓展。

3. 理解阅读，层层拔高

学生阅读文本内容、思考、解码，并与文本和作者互动的过程，是学生逐渐达成对文本理解的过程。学案设计时需注意活动的层次性。要求学生在规定时间内找出"主旨句"，抓住特定信息，培养学生略读和寻读的阅读技巧。

在阅读过程中，教师对学生的略读和寻读提出了具体要求。图 3-1 学案练习 3 要求 "Read again and say something about their presents."，这样的略读和寻读活动设计，在教师简洁、具体、清晰的指令和明确的问题要求的指引下，学生通过阅读来理解文本，能很好地运用这两种技巧，顺利地完成阅读任务。这样的设计有助于学生进行深入的阅读和思考，理解并掌握具体的事实和信息，活动更具层次性，并更重视阅读能力培养的过程。

4. 拓展阅读，读写结合

读后阶段是学生巩固和运用所学语言，进行语言实践，促进知识和技能内化的过程。因此，设计活动的主题必须与文本内容相关，活动所需的语言必须与文本提供的语言相关，读后活动必须与读前和读中活动相关。教师应根据英语教学改革的要求，遵循阅读导学案的"四性"，从学生的实际情况出发，结合文本，编制出实用且有效的"导学案"。

（学案1）：While-reading

1. Skim the passage and underline the people in the passage.

2. Scan the passage and match the people with what they like doing.

3. Read again and say something about their presents.

a. Daming's grandparents get some exercise_____and they _____wear T-shirt.

b. Daming's mother_____buys some dear clothes. She like chocolate but she doesn't _____buy any.

c. Betty's cousin likes reading and films. She____the cinema, but she_____watch sports.

d. Tony's sister like music and she likes going to concerts, but it's_____expensive.

e. Lingling's aunt and uncle_____watch football on TV.

图 3-1　阅读学案图

三、运用多种手段安排推进整本书阅读

教师可以根据对学生基本情况的了解以及对英语学习特点的分析，创新教学方式，激发学生的学习兴趣，这对于提高英语教学质量有着重要的帮助。

（一）应用信息技术辅助阅读教学任务的开展

教师可以尝试应用信息技术来辅助教学任务的开展，促使每位学生都能融入相应的情境中，这对激发学生的英语学习兴趣有重要帮助。例如，在学习地理、位置等相关内容时，教师可以利用"地图介绍"的视频，让学生在观看过程中融入相应的情境。随后，让学生分享自己"问路""指路"的经历，使他们在表达过程中融入课堂学习。在信息技术和师生互动教学模式的辅助下，学生可以增强对本课时重点内容的掌握，完成知识框架的构建。在布置课堂作业时，教师可以辅助学生应用本课时学习的新词汇，写下一段关于"问路""指路"的对话，使学生在知识应用过程中检验自己的学习效果。由于学生在课堂学习过程中已经掌握了相关知识点，因此教师可以减少学生的课外作业，减轻他们的负担，使学生拥有更充足的课外时间来开展个性化活动。

（二）将思维导图与英语知识点进行融合

在学习英语知识点时，学生常常因为知识点的抽象性而无法实现高效记忆。因此，教师在授课过程中，可以尝试将思维导图与英语知识点相结合，

让每位学生能够借助形象记忆能力完成知识点的记忆。通过这种教学方式，教师可以激发学生的学习兴趣，并有效提高教学质量。教师也可以引导学生根据自己的思维，尝试应用所学的英语知识点，利用简单的思维导图表达个人想法，使学生能够充分利用课堂时间，梳理知识。如果学生在表达过程中出现问题，教师可以再次利用相关导图引导学生，借助导图信息完成表达。此外，教师可以辅助学生总结已掌握的知识点，讨论和交流自己仍有疑惑的地方，争取在课堂上解决这些问题，从而帮助他们充分利用课堂时间。

（三）向学生布置分层作业

学生在课后常常需要投入大量时间来完成英语作业，这无疑会给他们带来一定的学业负担。为了解决这一问题，教师可以尝试向学生布置分层作业，通过减少作业量，帮助不同水平的学生拥有更多的课余时间开展个性化学习，这对于激发学生的英语学习兴趣具有重要作用。教师可以根据学生的学习水平、学习能力和兴趣爱好等因素，将学生分为不同层次，如基础型、提高型和拓展型三个层次，分别对应于学习基础薄弱、基础较好和学习能力较强的学生。对于基础薄弱的学生，教师可以布置简单的任务，如客观题、判断题，以及标出重点词句等；而对于能力较强的学生，可以要求他们分析文本信息，总结主题思想，做出自己的评价，并完成综合性的任务。

（四）在阅读中鼓励学生思考

随着新一轮课程教学改革的不断推进，传统的初中英语阅读教学模式已不再满足当代教学发展的需要。注重提高学生的阅读能力，保证他们的最终阅读学习效果才是关键。教师可以通过"领读—促读—品读—展读"四个课型开展阅读指导，利用简洁易懂的语言将作品推荐给学生，激发他们深入阅读的兴趣。教师还可以以问题为导向，检查学生的自读情况，并通过师生共读来释疑解难，提供阅读策略指导。

（五）小组合作共同探究

小组合作探究指教师在开展阅读教学过程中，通过引导学生进行合作讨论的方式进行英语阅读学习。科学分组是促进学生深入阅读学习的前提。然而，许多教师忽视了这一点，总是按照前后座的方式对学生进行分组，这不利于学生之间的深入学习与交流。教师应当重视学生小组成员之间的差异性，以有效提高学生的阅读探究能力。例如，在某个主题的整本书阅读教学中，教师可以根据学生的英语学习能力进行分组，明确学生的英语阅读学习主题，引导学生共同阅读书籍，掌握其中的英语语法，并对书籍进行准确翻译。在教师向学生提出具体的合作探索问题后，学生可以展开合作学习讨论。在学生合作学习讨论的过程中，教师可以进行巡场监督，以了解各个小组的英语阅读学习思路。同时，教师也可以参与到学生的合作讨论中，了解学生的合作学习讨论思路，并在适当的时候给予指导，从而提高学生的英语阅读学习和探索能力。在学生合作学习讨论结束后，教师可以对学生的合作学习讨论结果进行汇总，引导全班学生对各个小组的讨论结果进行二次讨论，以加深学生的阅读理解和认识。

（六）加强学生阅读实践

正所谓"纸上得来终觉浅，绝知此事要躬行"，教师在开展英语阅读教学时，应注重加强学生的阅读实践，这样才能更加有效地保证和提高学生的最终阅读学习效果。然而，学生的阅读实践并不能完全依靠自身。由于学生缺乏自制力，课前的阅读实践仍需教师的要求和指导。教师可以为学生布置具体的课下阅读任务，如每天阅读一段英语内容，并尝试进行翻译。对于学生阅读篇章的选择，教师应提前做好准备，并在课堂教学结束后，将每天的阅读任务发给学生，以此引导他们开展阅读实践。需要强调的是，教师不应要求学生阅读过多篇章，因为锻炼的是学生的阅读能力，而不是阅读数量。教师应对学生的阅读结果进行检查，如检查学生对阅读篇章的理解如何，文章讲述了什么内容等。当然，教师也可以针对学生的课下阅读设计一些问题，要求学生作答，这对于提高他们的阅读能力同样具有重要作用。当学生养成每天阅读的良好习惯后，教师可以不再对课下阅读布置硬性要求或任务，而让学生自主进行英语阅读。

第三节　用好阅读时间

阅读需要时间，初中生的学习任务繁重，而初中英语整本书的阅读尚未课程化。因此，初中英语整本书的阅读需要合理安排时间，充分利用课余时间。在闲暇时进行阅读，并每天坚持，学生的阅读能力自然会有所提升。

一、利用课余时间做好英语课外阅读

英语课外阅读作为课堂教学的延伸和补充，已经成为学生感受语言、运用语言的重要手段之一。课外阅读涉及的知识面较广，文化背景知识丰富，能够为学生提供多层次、大密度、跨时空的知识。初中学生精力充沛、思维活跃、兴趣广泛、感情丰富、求知欲强，正处于学习的最佳时期。然而，他们的意志较为薄弱，容易受外界影响，课外阅读普遍存在随意性和盲目性，易出现阅读速度慢、理解能力弱等现象，不利于他们英语阅读能力的提高。

要想培养学生具备良好的英语课外阅读习惯，制订一个科学有效的英语课外阅读计划是非常必要的。英语课外阅读是一个长期的积累过程，学生需要根据课程进度和自身的学习情况制订切实可行的计划，从而明确学习任务，确立学习目标。当前，大多数初中学生在进行英语课外阅读时缺乏切实可行的计划，导致在阅读上存在不少问题。

首先，学生往往是被动阅读。课外阅读的主要目的是培养和提高学生的阅读能力。通过大量的语言和文化信息输入，使学生潜移默化地获取新知识、提高认知水平，并不断增强分析问题和解决问题的能力。然而，许多学生对于课外阅读的目的缺乏正确的认识，仅在教师或家长要求时，为完成任务而被动消极地进行阅读，缺乏明确的阅读目标，收获甚微。

其次，所选材料不当。很多学生在选择课外阅读材料时，由于缺乏指导或指导不当，所选材料难度过高或过于简单，未能达到预期效果。此外，有些课外阅读材料的选择过于功利化和单一化，英语阅读训练局限于做几道阅读理解题，还会导致学生产生阅读焦虑，无法从阅读中获得乐趣。

第三，阅读时间不足。据调查，初中学生平时作业繁多，忙于完成教师布置的任务，几乎没有时间进行课外阅读。即便有学生进行课外阅读，每天花费的时间也很短，缺乏深入理解、消化和做笔记的时间。这样的阅读如同走马观花，不利于词汇量的积累与扩展，也不利于语言理解能力的培养与提高，使学生无法从整体上把握篇章的脉络、归纳主旨大意、揣摩作者意图以及感受作者的心声，从而限制了学生创造性思维能力和审美欣赏能力的自我培养。

最后，缺乏规划性和系统性。学生在英语课外阅读方面缺乏长远规划和方向，任务不明、目标不清。一些学生在课外阅读的坚持上做得不到位，三天打鱼，两天晒网。

二、初中生课外英语阅读的策略

首先，要强调制订课外阅读计划的重要性。教师应帮助学生认识到制订完整的、长远的课外阅读计划是必要的。学生需要在每个学期根据课程进度和自己的学习情况制订切实可行的详细计划。计划可以分为长期计划（初中阶段）和短期计划（每个学期为一个阶段）。其次，阅读计划应得到有效执行。一个有效的阅读过程应包括：建立阅读目标、根据目标调整阅读速度和策略、评价阅读材料、补救理解失误、评估理解水平等。学生只有对所学语言的特点和规律有了一定的认识，并了解自己的语言学习能力，才能制定符合自己情况的学习目标，随时监控学习中遇到的困难，最终找出克服困难的方法。由此，学生可以明确学习任务，确立学习目标，从而更有效地完成课外阅读，并对自己阅读能力的提高进行预设和自我检查。

最后，在制订计划后，教师需要在学生的阅读过程中进行督促和检查，以鼓励和协助学生顺利实施阅读计划，并进行阶段性自我评价。教师还可以设计阅读效果检测表，为学生在英语课外阅读前的准备和阅读后的效果评价提供指导，帮助他们自觉地调整方法和阅读策略。此外，教师应定期了解学生的阅读进展，并在课堂上通过讲故事、课本剧表演、讨论、回答问题等方式，了解学生的阅读情况和对阅读内容的理解程度。通过这些检查，对表现突出的学生，教师要及时给予肯定和表扬，让学生感受到阅读的成就感。

第四节 学好阅读技巧

阅读技巧与方法是初中生完成英语整本书阅读的重要条件。有些初中生虽然也想阅读整本书，但由于缺乏阅读技巧，导致阅读效率不高，效果不佳。在阅读的初期，教师的教育引导和经验传授尤为重要；而在后期，学生则需要从教师的指导中总结和梳理出自己的方法。

一、整本书阅读教学模式：聚焦文本分析与主题意义探究的阅读教学模式

文本分析是课堂教学设计过程中的关键环节，对于培养学生掌握英语语言基本知识和技能，以及初步形成运用英语与他人交流的能力具有重要意义。探究主题意义能够激活学生已有的知识、经验和智慧，发展其主动思考的意识和水平，促进其情感态度和价值观的形成。这要求教师充分结合学生的发展特点和认知特点，不断优化教学内容，帮助学生围绕具有挑战性的学习主题，全身心投入、体验成功，并在这一有意义的学习过程中获得发展。

教师在实施这一阅读教学模式的过程中，首先要多角度解读文本所蕴含的育人价值，理解学生的需求，以确定主题意义探究的目标。接下来，引导学生主动预测并感知文本的主题意义，通过批注阅读梳理语篇结构，并联结现实世界，探究并深度内化文本的主题意义。最后，布置项目学习作业，促进学生迁移并表达文本的主题意义。

第一步：多元解读文本所蕴含的育人价值。首先，教师要引导学生深入解读文本，理解文本话题背后的主题意义，分析作者的写作意图。其次，教师要分析承载文本主题的语篇类型及其对应的篇章结构。最后，教师应从词汇、句式、修辞等方面分析与文本主题相关的核心语言，挖掘其中的育人价值。以《英语周报》初一年级的"Respect what you're eating"为例，从文本话题、主题及写作目的来看，该文本的话题是珍惜粮食，主题是人与自然。文本列出了一系列浪费食物的现象及相关数据，阐述了珍惜粮食的重要性和具体方法，以此引导学生形成珍惜粮食的意识，并积极加入光盘行动。

第二步：读懂学生，引导学生探究主题意义。教师应分析学生对话题的熟悉度和兴趣度，掌握学生的共同特点，了解学生的个性和语言水平差异，理解他们在学习中的语言及思维困难。学生对节约粮食的主题较为熟悉，大部分学生对英语学习兴趣浓厚；但部分学生缺乏主动学习的意识和方法，某种程度上也缺乏学习自信。学生普遍对阅读长篇文章有畏惧心理，需要教师在阅读方法上给予指导。为了解决这些问题，教师设计了多次小组合作，引导学生运用批注阅读策略，通过在阅读中进行标注、构建结构图、结合 QAR 自主提问等方式，帮助学生从心理和语言两方面搭建台阶，提高他们解决问

题的能力，实现与文本的深度对话。

　　第三步：联结预测，主动感知文本的主题意义。新课标强调教师要在主题探究活动中激活学生已有的知识经验，帮助学生在已有知识经验的基础上，通过获取、梳理、概括与整合等活动，形成新的知识结构，建立信息之间的关联，深化对主题的理解和认识。在阅读前阶段，学生可以结合自身生活经验与文本中的人物、背景、情节等建立联系，并进行预测。教师可以借助一些工具帮助学生建立联系，例如通过利用问题引导学生主动思考。

　　第四步：引导学生批注阅读，梳理语篇结构，合作探究主题意义。批注是促进学生与文本进行积极而深度对话的有效策略之一。语篇结构知识蕴含着语篇各要素之间的复杂关系。教师在阅读教学中帮助学生理解语篇结构，有利于优化阅读教学的效果。批注能够帮助学生更清晰地解析语篇结构并探究主题意义。在阅读时，教师可以提示学生关注段首句及副标题，并快速浏览文章，利用批注法圈画重点词句。在教师的引导下，学生先建构语篇结构图的第一级，梳理篇章的主要结构。随后，学生在文中圈画出体现主题意义的重点词句和关键句，完善语篇结构图的细节。学生以小组为单位，根据教师搭建的支架进行研讨和分析，对结构图进行补充，并在班级中分享，进一步理解节约食物的重要性。在这个过程中，学生通过研讨、探究、概括、分析和解释，建构语篇模型，从自主阅读到小组合作，加深了对阅读策略方法和语言逻辑的理解，深入理解语篇特征和语言特点。

　　第五步：引导学生自主提问，联结现实世界，深度内化文本主题意义。自主提问可以提升学生对所阅读文本的深层理解力和思辨力，促进他们的阅读积极性与自主性。深度学习要求教师设计富有挑战性的学习任务，促进学生与任务之间的深度互动；组织研讨和交流，增加学生之间的深入互动。学生在提问和探讨答案的过程中，相互分享思考问题的角度和思维方式，培养发散性思维。

　　在读后环节，教师首先进行示范提问，启发学生提出不同类型的问题。这些问题可以是在文本中直接找到答案的，也可以是需要综合多处文本进行分析推断的问题，还可以是与自身经验相关联的问题等。接着，教师让学生自主阅读文章，并提出与主题相关的深层问题。在小组内分享后，结合文章内容和个人经历讨论答案。随后，在小组内选出最佳问题，在全班中分享、互答，进一步深入探讨节约粮食的重要意义。在这一过程中，学生的思想得以碰撞，自身的批判性思维和创新能力得以提升。

第六步：布置项目学习作业，迁移表达文本主题意义。深度学习要求教师探索多样化的作业，设计并实施主题性作业、实践类作业和个性化作业，以提高学生在实际生活中迁移应用学科知识和解决问题的能力。学生可以通过互联网等多种渠道查找和收集相关信息和材料，结合自身体验重新审视语篇内容，运用所学知识解决食物浪费问题，并表达对光盘行动的看法。在这个过程中，学生发展了语言能力、思维品质以及运用所学知识解决现实生活中问题的能力，从而提升了自身的核心素养。

聚焦于主题意义探究的深度阅读教学模式，可以促使学生实现"字面阅读、解释性阅读、批判性阅读和创造性阅读"这四个层次的意义建构，培养学生良好的阅读习惯，使其成为能够读懂、善于阅读的积极读者。教师在教学设计时，创设环环相扣、层层深入的教学活动，有助于实现具有高度、深度和温度的深度阅读。在教学过程中，开展包括自主提问、联结生活等以学生为主体的体验活动，提升了学生的逻辑思维和批判性思维，发展了学生的高阶思维能力。同时，教师关注学生对主题意义的探究，引导学生深入挖掘文本内涵，探究文章背后的主题意义，让学生通过阅读学会正确地做人、做事，形成正确的价值观。

二、初中英语整本书阅读导读课的导入方式——以"黑布林英语阅读"系列丛书为例

（一）导读的目的

整本书导读的目的是通过教师的引导，帮助学生对读物产生亲近感，激发学生的阅读兴趣，唤起他们对阅读的期待，为阅读整本书做好心理和知识上的准备。这样可以进一步培养学生持久的求知欲望，养成良好的主动阅读和终身阅读的习惯。

那么，教师应如何引发学生的好奇心，激发学生的学习兴趣，诱导学生的求知欲望，从"要教师读"转化为学生自主寻求的"想要读"，从而有效提升整本书的阅读效果呢？成功的导入活动能够迅速引导学生进入良好的阅读心理状态。

（二）有效导入的案例分析

1. 情景导入

情景导入是在阅读之前，教师通过图片、视频或真实情景等方式向学生呈现阅读内容，师生就所见情景进行问答、讨论和探究，从而将所看到的情景与即将阅读的内容建立起直接的联系。

情景导入通常以情景对话的形式呈现。由于它展示的是阅读材料的主要内容，因此情景导入能够激发学生对即将阅读的材料的直接兴趣，使教师能够直接切入阅读课题。

教师在导读 White Fang《白牙》时，首先播放电影《白牙》的预告片，然后师生就相关内容进行问答：

Who's in the movie?

What does White Fang mean?

Where does the story take place?

通过回答问题，学生对即将阅读的文本内容有了初步印象，这时再让学生开始阅读，就水到渠成了。

2. 话题导入

话题导入是在呈现新的阅读材料之前，师生围绕一个（有时是多个）话题，使用英语进行"自由"交谈（也可称为主题谈话导读），引导学生做好阅读心理准备。围绕某一话题进行师生间的思想交流，既可以调动学生已有的知识技能，作为新知识技能发展的基础和起点，又可以增加学生使用英语进行交流的机会。这是英语阅读教学中最常用的导读方法。教师在导读 Ricky and the American Girl（《瑞奇和美国女孩儿》）时就采用了该方法。首先，教师进行了一次调查：

Do you often talk about other boys or girls with your classmates?

What kind of boys/girls do you think is more interesting?

Who is the most attractive girl/boy in your class? Why?

这样的调查活动旨在激发学生的情感体验，使他们带着兴趣和好奇心进行阅读。活动从学生的生活经验出发，让学生与人物产生联系，从而激发他们对 Ricky and the American Girl 的阅读兴趣。

3. 阅读技巧导入

阅读技巧的导入是在阅读整本书之前，教师根据阅读的需求，指导学生如何掌握整本书的阅读技巧。在导读 *Black Beauty*（《黑骏马》）时，教师先进行阅读技巧的引入，指导学生从小说阅读的四个要素入手：人物（who）、情节（what、how）、环境（when、where）和主题（what）。然后要求学生紧紧围绕这四个方面进行阅读。这样的处理方式为学生今后阅读小说提供了一定的方法支撑。

4. 背景知识导入

学习英语尤其是在阅读英语的过程中，背景知识与语言知识同等重要，有时甚至比语言知识更为重要。背景知识的缺乏会使学生在阅读过程中形成思维障碍，影响阅读理解效果。在导读之前引入背景知识，首先要介绍作者的生平、思想及创作的社会背景知识，以减少阅读过程中的思维障碍。教师可以通过图片、视频和音频等方式进行导入。以《黑骏马》的导读为例，教师尝试从背景知识入手。首先展示作者的写作背景：19 世纪的英国，马不是宠物，它们被套上各种工具，在矿山、工厂等各种场所拉车。马的命运与马夫或者主人息息相关，它们常常被主人殴打或虐待，许多马因为繁重的工作劳累而死。通过创作背景的导入，学生对当时的社会状况有了一个较为全面而客观的认识，进而体会作者创作时的个人思想甚至是社会思想。学生的阅读兴趣被激发，自然地开始阅读，以一匹马的视角，走进《黑骏马》的故事。

捷克教育家夸美纽斯指出：兴趣是创造一个欢乐和光明的教学环境的重要途径之一。导读课的基本目标就是激发学生的阅读兴趣，让学生爱上这本书，产生认真阅读的强烈欲望。

三、基于主题语境开展整本书阅读

（一）主题语境的概念

主题语言学习是指教师在开展课堂教学活动时，依据单元主题对教学范围及语境进行精确定位。语境即语言环境，是指人在口语表达时所处的状态。在英语语境教学中，常见的三类主题语境包括：人与自我，即探索个体的自我认知；人与社会，即探索人与社会的互动关系；人与自然，即解读人与自然的关系。这三大类主题语境可以进一步细分为多个子主题。每个主题语境之间具有较强的关联性，无法割裂。因此，教师在采用构建主题语境的方式进行教学时，必须注重普及更多的知识点，既要激发学生的学习欲望，又要确保学生的课堂学习内容更加充实。

（二）主题语境在初中英语阅读教学中的重要性

基于主题意义的整本书阅读旨在通过解读书目文本、分析学情、解析书籍主题意义，以主题意义探究为核心，统领整本书阅读教学。这样，学生在整本书阅读的过程中，可以升华对主题意义的理解，并将其与现实生活联系起来，引发情感共鸣，培养和发展自身的核心素养。在英语整本书阅读中，教师应选择适合初中学生特点的学习主题，并在此基础上融入英语阅读的语境，形成一种基于英语阅读学习的主题语境，营造良好的英语学习氛围。良好的学习氛围可以促使学生主动学习英语，自发的学习效率远高于被迫学习的效率。此外，在相应的主题语境下，学生对英语阅读的理解水平和思维能力也会受到积极影响，从而提高他们对英语篇章的理解程度和思维能力。因此，主题语境在初中英语阅读教学中发挥的积极作用不容小觑。善于在英语教学中运用主题语境，可以帮助学生更好地理解英语篇章，对提高英语阅读水平有很大的帮助。

（三）主题语境在初中英语阅读中的应用

1. 引入教学主题

为了使主题语境在初中英语阅读教学中的应用过程与步骤更加清晰详细，现以"黑布林英语阅读"系列的 *Little Women*（《小妇人》）为例，围绕主题语境开展整本书阅读的第一课——激趣导读课进行论述。

《小妇人》围绕马奇家的四姐妹展开，这个故事广受喜爱。大姐梅格 16 岁，即将与心爱之人坠入爱河。二姐乔是个假小子，一心想当作家。三姐贝丝心地善良，总是先想着别人。最小的艾米少年老成。尽管父亲上了战场，生活艰苦，她们还是不忘初心，乐观面对生活。课前激趣导读旨在让学生通过学习了解小说的组成要素，并通过阅读掌握简要内容，从而提高学生的认知能力以及在阅读过程中抓取信息的能力。这本书的阅读对象是八年级的学生，该年龄段的学生通过小学和初中一年的学习，已积累了一定的词汇量和逻辑思维能力，掌握了一些基本的阅读方法，但对整本书的阅读接触并不多。

因此，教师可明确导读课目标，并通过课前游戏和制作导读短视频让学生快速熟悉阅读话题，激发学生的学习兴趣，拉近学生和故事之间的距离。在导读过程中，教师可通过带领学生阅读书本封面，初步了解书名、作者、人物、章节目录等基本信息。引导学生使用平时掌握的阅读技巧，快速了解小说的组成要素，预测故事内容。由于学生之前较少接触整本书的阅读，教师在导读时要及时传授学习新单词的技巧，帮助学生扫除阅读障碍，克服畏难情绪；也可以引导学生通过阅读技巧，如快速阅读或细读的方法，借助文本中的图片、提示词等快速获取关键信息，关注人物的外貌特征和对话。教师应提前做好阅读计划，将学生进行分组，以培养学生合理安排阅读时间和团结协作的能力。

2. 落实教学过程

落实阅读教学过程，便是整本书阅读的第二步——读中赏析课，这是在阅读过程中进行赏析的阶段。在这个阶段，学生通过之前的导读课和日常阅读，已经对整本书有了初步的了解，具备了一定的逻辑思维能力，积累了一些背景知识，并掌握了基本的整本书阅读方法。然而，他们对人物和故事情节的赏析还属于初次接触，可能会遇到一些困难。因此，在开展赏析课时，教师应明确赏析课的目标，通过已有的知识背景，激发学生更深入的阅读兴趣。例如，在开展《小妇人》的赏析课时，教师可以引导学生逐章阅读，并通过讨论小说中不同角色对金钱观、爱情观的看法，加深对文本的理解，同时培养批判性思维能力。教师还可以设置一些导向性问题，使学生快速进入阅读状态；通过观看精彩的视频片段、场景再现和模仿体验等活动，引导学生理解给予、分享和爱。教师设置导向性、探究性问题，不仅有助于培养学生的多元思维能力，还可以帮助他们深度挖掘文本的潜在内涵，加深对文本的理解。在赏析每章节内容时，教师应鼓励学生独立阅读，设计一些领会类问题帮助学生理解文本内容，推测判断文本的含义。此外，还可以通过小组讨论进行总结和情感升华，启发学生表达自己的看法。这样一来，学生可以各抒己见，不仅能加深对文本的理解，还能培养思维能力。

3. 分享教学成果

整本书阅读的第三步——读后分享课，是学生在完成导读课和赏析课学习后进行语言输出的环节。学生通过前面的导读课和赏析课的学习，以及日常的阅读积累，已经对整本书有了较深入的了解，对英语学习表现出浓厚的兴趣，熟悉独立学习、结对学习和小组合作等学习方式，知道如何借助阅读圈分组分角色进行自主阅读和合作学习，并能运用思维导图理清故事情节，提高分析和辩证看待问题的能力。然而，学生在整本书的故事情节输出、读后续写、写书评以及将整本书的主要情节搬上舞台进行表演方面，仍然会面临一定的挑战。在开展《小妇人》读后分享课时，笔者采用师生互动的方式，帮助学生重温故事情节，明确读后分享课的目标，为总结故事大意做铺垫。同时，引导学生领悟作者如何使局势变得紧张，并指导学生进行短剧表演，进一步关注文本，细品英语语言之美，读出文字背后的含义。特别是小说最精彩的部分，教师可以让学生进行短剧表演。通过表演，学生能够身临其境地理解文本，并培养语感。例如，在分享第六章关于梦想的内容时，教师可以引导学生进一步关注文本，找到主人公的梦想，并结合自身情况讨论个人梦想，从而锻炼学生的口语交际和语言组织能力，发展语言素养。此外，教师还应鼓励学生大胆质疑作者的观点，结合对文本的理解形成自己的观点，以培养学生的批判性思维能力。

4. 总结学习内容

《小妇人》这本书包含四个主题，分别是家庭的重要性、工作的需求、女权和自我修养。每个孩子都能从这部名著中找到打动自己的主题。教师不仅要组织学生进行不同主题的探讨，还要进一步指导学生为自己选择的主题找到合理的文本支撑。学生可以尝试通过演讲的方式有理有据地表达自己喜欢的主题。在阅读完整本书后，教师可以引导学生进行读后续写，设想并描写马奇四姐妹未来的生活，以帮助学生深入持续地阅读。此外，教师还需根据学生的能力设计分层的课后作业，让学生可以根据自身情况选择作业，从而达到学有所练、学有所获的目的。

（四）初中英语主题式语篇阅读优化对策

1. 布置阅读预习作业

社会的快速发展对英语阅读教学提出了更高的标准与要求，英语阅读教学不仅要顺应时代发展的趋势，还应突破传统的被动、填鸭式教学模式。通过提高学生的词汇量和阅读速度，促使其听、说、读、写等技能全面发展。因此，教师在实施英语教学前，应当有效利用作业方式，引导学生提前预习。课前预习是提高英语课堂教学效率的关键，不仅可以加快学生对单词、短语等重要知识点的吸收和掌握，还有助于学生带着问题进行阅读。以"We need to protect animals"的教学为例，教师应结合教材内容设置"Which animal is it?"等问题，让学生结合动物实际的生存情况进行分析和总结，从而了解不同动物的生存情况。学生在预习过程中可以了解自己的短板和不足，并体验从易到难、从简单到复杂的阅读活动，从而掌握更多的英语知识。

2. 引导学生进行小组学习

初中阶段由于个体差异的影响，不同学生在英语储备和学习能力上存在一定差异。教师采用统一的教学方法，既不能让优等生感到满足并体验成功，又增加了中等生和学困生的学习难度。因此，教师在组织课堂教学时，应结合不同学生的学习情况进行分组，确保团队间的综合实力基本平衡，同时保持组内英语水平的差异性。这样可以让不同层次的学生都获得成功的体验与快乐。此外，还应结合竞赛方式进行评价，为不同层次的学生提供阅读和体验的机会，从而取得良好的教学效果。

3. 组织学生进行实践学习

教师应当发挥实践教学的效能与作用，通过实践活动，让学生更好地掌握理论知识，提升个体的阅读素养。以"Hobby"的教学为例，教师可以组织学生用英语汇报展示他们生活中的爱好，如："I have a collection of dolls." "I spend some of my free time playing football for my school team." 等。这种方式将生活实践引入英语阅读课堂，增加了学生对理论知识的运用与掌握，从而实现了最终的阅读教学目标。

（五）注意"重读写轻表达"的问题

在英语学习的过程中，重视读写而轻视表达的现象相当普遍且不容忽视。读写能力固然重要，通过大量的阅读和写作练习，学生能够积累词汇、掌握语法结构，提升对语言的理解和运用能力。然而，过度侧重于读写而忽视表达，会导致一系列问题。

首先，语言的本质在于交流，而表达是实现有效交流的关键。如果仅仅重视读写，学生可能在书面上表现出色，但在实际交流情境中却捉襟见肘，无法准确、流畅地用英语表达自己的想法和感受，这与学习语言的初衷相违背。其次，忽视表达会限制学生语言能力的全面发展。缺乏表达训练，学生的口语会变得生硬、不自然，难以达到地道的程度，同时也会影响学生在听力理解方面的提升，因为听与说是相互关联的。在经济全球化的时代，口语表达能力在诸多领域，如国际交流、商务往来等，都具有至关重要的作用。如果一直忽视表达，学生在这些方面可能会处于劣势，无法充分发挥英语作为工具的效能。

教师采用主题语境的模式对学生进行教学时，侧重于语言表达，这是一种非常有效的教学策略。通过围绕特定的主题语境展开教学，教师能够为学生提供一个连贯且情境化的学习环境。在这样的模式下，学生可以更深入地理解语言在特定情境中的运用和意义，从而促使他们积极主动地运用所学语言，锻炼实际交流和表达的能力。

在主题语境中，学生不再孤立地学习词汇和语法，而是在具体情境中感受语言的鲜活与生动。他们可以通过描述、讨论、辩论、角色扮演等多种方式，不断强化语言表达技巧，提高语言运用的准确性和流畅性。教师可以引导学生围绕主题进行思考、分享观点、讲述故事，激发他们的表达欲望和创造力。

这种教学模式有助于培养学生的综合语言素养，使他们不仅能够读懂和写出英语，还能自信地用英语进行表达和沟通，更好地适应未来社会对英语能力的要求。

四、在整本书阅读中注重培养语感

语感是人们对语言文字的敏锐感受，是对语言隐含意义的一种深刻的直觉和心理体验，它能促进读者更快、更好地理解和领悟作者的情感并引起共鸣。因此，训练语感已成为英语教学的首要任务。在初中英语教学中，大量阅读对于英语学习至关重要，阅读的主要目的在于语言的潜移默化，更在于语感的养成。语感包括人们对英语语音的感受、语义的感受以及语言情感色彩的感受等。它是一种对语言文字的感知和迅速领悟的能力，是一种直觉的、整体的把握，是一种正确、敏锐、丰富的感受力，是学生英语素质的核心。其特点是看不见、摸不着，但有效。语感强的人理解力强，具备良好的语感，英语学习的有效性就能得到最大的体现。

（一）初中英语阅读教学中语感培养的现状

目前，初中英语阅读教学内容仍然局限于语言、词汇和语法知识，并未充分依托学科内容。这种阅读教学存在很大的局限性。首先，阅读课程设置较少。由于学生面临中考，学校在课程安排上更倾向于应试类课程。其次，教材容量及阅读材料有限。英语课多数情况下让学生依据有限的学习资料进行机械练习，或者围绕教师设定的几个问题展开重复的讨论和机械的回答。这样的教学方式只能导致学生单方面地掌握知识，限制了学生思维和个性的独立发展。

（二）初中英语语感在阅读教学中的重要性

基础教育阶段英语课程的任务是使学生掌握一定的英语基础知识和听、说、读、写技能，形成一定的综合语言应用能力。这种综合语言应用能力实际上就是学生英语语感良好与否的表现。人们在语言运用中会遇到看起来顺眼、听起来顺耳、说起来顺口的现象，这实际上就是语感在起作用。英语语感对于学习者而言，就如同乐感之于舞者、灵感之于作家、美感之于画家、球感之于球员一样，对学生在听、说、读、写等基本技能上的提升有着显著的推动作用。

（三）在语感能力培养下的几种有效阅读教学方式

苏联著名教育学家苏霍姆林斯基曾提出："30年的经验使我深信，学生的智力发展取决于良好的阅读能力。"英语阅读在锻炼学生语言能力的同时，更为其智力发展提供了源源不断的资源和能量。为更好地培养学生的语感，教师可采用以下几种阅读教学方式。

1. 通过速读做到整体感知

阅读教学的形式多种多样，其中朗读是阅读的基础。教师应引导学生快速感知书面语言，整体感知词、句、段、篇，快速阅读全文并掌握大意。在教学中，教师应扩大学生的阅读面，接触各种题材的文章，尤其是涉及英美国家背景知识的文章，使学生更多地了解英语国家的风俗习惯，解决阅读面狭窄和英语背景知识匮乏的问题。这样可以使学生在快速阅读的语境中完整地感受文章，从而培养语感。

2. 在具体语境中学会猜词解疑

对于初中生来说，由于词汇量有限，在阅读中可以通过对篇章整体的理解来猜测生词的意思，也可以通过句子中的反义词来推测词义。例如，当学习 "agree" 时，如果了解否定前缀 "dis" 的含义，就有可能猜测出 "disagree" 是 "不同意" 的意思。要想成为一名优秀的阅读者，掌握构词法及英语词汇等方面的基本知识对培养语感有着非常重要的作用。

3. 朗诵加强语感训练

每天坚持朗读是一种有效的学习方法，它可以在大脑中留下声音记忆。朗读成为习惯后，就会产生自然而然脱口而出的现象。另外，背诵也起着举足轻重的作用。能够背诵经典句型、语段及篇章，有助于更有效地进行英语交流。在日常的朗读训练基础上，广泛阅读和熟练朗读也非常重要。英语课外阅读可以作为课堂教学的延伸和补充。

4. 合理使用多媒体教学

教师使用多媒体教学可以创设动态的教学情境，使静态的教材内容变得鲜明生动，增强学生对语感的敏感度。同时，可以在班级内开设英语角，以介绍世界文化为切入点，营造浓厚的英语学习氛围，促进课外阅读的增加。例如，在教学 "When was it invented?" 时，教师可以利用课件中形象的图片及文字说明，向学生补充介绍中国的四大发明及几种对人类有深远影响的发明。这样的情景式教学方式极大地拓宽了学生的视野，从而激发其语言思维，进一步提高其阅读能力。

5. 开展丰富多彩的课外阅读与交流活动

如果让学生沉浸在学习英语的氛围中，使课外英语学习成为一种自然而然的活动，那么英语语感也会自然地形成。首先，教师可以在校内和班级中张贴英语海报和名言警句，利用广播站或班级多媒体设备播放英语节目，鼓励学生参加英语故事讲述、演讲比赛和知识竞赛等活动。此外，教师还可以在教室内设立英语角、图书阅读区，设计英语黑板报，订阅英语报纸等活动，促使学生进行课外阅读。

在日常的学习活动中，教师可以安排形式多样的阅读类比赛。通过激发思维的主动性，学生对英语的观念发生了转变，学会展示自己的生活体验和情感体验，学生的阅读能力也得到了提升，更能主动获取知识。例如，在学习 "How do you get to school?" 一课后，教师可以开展一个辩论赛，让学生以交通工具为话题，谈论自己的看法，并从未来环境保护的角度出发，找出论据论证哪种交通方式最便利、最合理。

通过这些学习体验，学生不仅能够自信地表达自己，还可以激发他们的阅读主动性，让他们体验到阅读的快乐。这为英语教学注入了生机和乐趣，同时为学生构建了一个公平的学习共同体，提供了更多思考和交流的机会。我们尽力让每一位学生都参与到阅读、表达和合作分享的活动中，使他们在享受快乐阅读的同时，潜移默化地提高阅读能力。

(四) 在整本书阅读中培养学生语感与文化审美

1. 强化英语思维运用

英语语感的形成和成熟就是运用英语思维的能力。因此，英语思维与语感有密切的联系。在教学中，教师应坚持"尽量使用英语，适当利用母语"的教学原则，以减少学生对母语的依赖和母语对英语学习的负面影响。在备课过程中，教师应充分理解教材，将所要传授的知识点转化为自己的口头语言，把身边的物品当作"活"教具，随时随地用简单易懂的英语句子进行讲解或解释。这样一来，使学生感到遥不可及的英语就会像日常生活中的母语一样。其次，要求学生使用英汉双解词典，并逐步过渡到使用英语词典，这有利于学生准确掌握词汇的内涵和外延。因为用一种语言解释另一种语言不一定总能做到一一对应、完全准确。遇到一些难以解释的词或句子时，教师可以提供一些包含该词或句子的例句，让学生在具体的语境中去猜测和理解。所提供的语境应尽量与该词或句子所处的语境相似，并且是学生熟悉或容易接受的。这样既可以为学生的理解打下基础，帮助学生掌握词汇和句子的意义，又能增加语言实践的机会，从而有效提高学生的英语理解能力，有助于培养学生运用英语思维的习惯。在语音学习中，应渗透语感。语音教学是英语学习初级阶段的重要任务。教师要把好语音关，从而渗透语感。

2. 在情感交流状态中培养语感

篇章是以"言"表"情"的，语言文字是情感的载体。在教学中，教师只有让学生进入书籍所描绘的情境，体会作者的情感历程，与作者产生情感共鸣，才能使学生真正受到熏陶和感染。教学中的情感传递有时是细微而深入人心的。例如，在教学过程中，教师在充分理解作者思想感情的基础上，通过发自内心的朗读，以及相应的表情和动作传递，让学生领悟和感受祖国山水的美，激发学生热爱祖国锦绣河山的情感，培养对美的兴趣。如果学生不能从教师的语言、动作和神情中获得亲切、可信、可敬的情感信息，不能感受到作者的真情流露，那么作者再强烈的感情也难以在学生心中引起共鸣，更谈不上语感的培养。因此，在教学中，教师要以自己的真情去激发学生的情感。

3. 在思想感情体会中培养语感

每一部文学作品都蕴含着作者深厚的情感。在阅读教学中，教师应利用作品中的情感因素来激发学生的情感"共鸣"，深入挖掘作者情感的深层内涵，使学生在情感的感染中把握更深层次的意蕴，这也是培养语感不可或缺的环节。因此，在教学中，教师必须抓住教材中重点表现中心、含义深刻的句子，并结合句中的关键词汇，引导学生深入体会作者的思想感情，再将这种感情自然地融入朗读中，从而实现语感的培养。

4. 让学生多听、多模仿

教师应要求学生多听英语教科书的音频材料，多模仿其语音语调。音频材料的发音清晰标准，通过多听，学生能够在潜移默化中培养英语语感；通过多模仿，学生能够体验英语中抑扬顿挫的节奏，从而灵活运用语言。听读在学生刚接触英语时非常关键。初始阶段应让学生多听，尤其是多听纯正、地道的英美人士录音。教师应充分利用现有教材的录音和听力材料，以确保学生首先接触到纯正、地道的语言。积累了一定的听力基础后，可以鼓励学生进行模仿。模仿是学会说话的前提，除了在课堂上要求学生当堂模仿外，还可以组织学生两人一组，互相练习，取长补短。

5. 在阅读习惯培养中提高语感能力

在阅读教学中，培养学生的阅读习惯对于他们形成良好的语感具有十分重要的意义。良好的阅读习惯可以使学生终身受益；没有良好的阅读习惯，就谈不上自觉地学习，也谈不上语感能力的培养。

英语学习是一个实践的过程，具有一定的动态性。英语语感的培养绝非一朝一夕之事，需要通过长时间的语言积累、知识储备以及持续不断的后天学习。教师在培养学生的语感时，一定要注意为学生营造一个英语学习的语境，让他们有表达的机会。同时，教师应充分挖掘课堂资源，开发课外资源，积极为学生的英语学习创设良好的环境，从而使学生的英语学习更加顺利，避免机械性和盲目性，增强自觉性和感悟力，使学生在英语交际中获得丰富的语感。

第四章

核心素养引领下的初中英语整本书阅读实践策略

在核心素养的引领下，在初中英语整本书阅读实践中，学生应带着问题去阅读。问题的引领可以激发思考，使阅读更有目的性和针对性，突出阅读目标。同时，要将听、说、读、写相融合，并促进师生之间的交流互动。

第一节　带着问题去读

初中英语阅读教学是一个复杂的动态过程，涉及诸多因素，每一个环节都影响着整体的教学质量。因此，教师绝不能忽视有效设计英语阅读问题的重要性与必要性。目前，初中英语阅读教学课堂中仍然存在诸多问题。例如，初中英语教师的问题指令往往拖沓冗长且含糊不清，导致学生无法明确接收相关指令信息；英语阅读水平偏低或中等的学生严重缺乏课堂参与意识和积极性，导致课堂上只有尖子生回答问题的情况；部分教师没有具体分析解答相关问题，而是直接给出答案，致使学生无法提升自身的英语阅读理解能力；部分教师在课堂上提出的明知故问的问题偏多，而能启发学生逻辑思维能力的问题偏少；"教师问学生答"的教学情况较多，而"学生问教师答"的教学情况较少。

一、初中英语整本书阅读中问题设定的原则

（一）注重问题设置的合理性

在初中英语整本书阅读中设定问题时，需要遵循合理性原则。教师不仅要考虑学生已有的生活经验和知识结构，还要考虑教学目标与学生之间的差距。教师需要控制英语阅读问题的难度，不应仅局限于课本知识，而是要结合学生真实的学习进度和需求，联系学生的实际生活，设定一些较为合理的问题。

（二）注重问题设置的启发性

在初中英语整本书阅读教学中，教师在设定问题的过程中要遵循启发性原则。教师需要在英语阅读教学中多设定一些思考性、启发性和发散性的英语问题，使学生在解决问题的过程中能够发现和提出新的问题，培养学生良好的质疑精神与批判意识，并在面对不同事物时拥有自己独特的见解。

（三）注重问题设置的趣味性

初中英语知识相较于小学英语知识，难度较大、知识量较多，很多初中

生在学习英语时存在较为严重的抵触和厌学心理。因此，教师应注重设置趣味性的问题，提高学生参与阅读教学的自主性和积极性，让学生感受到回答问题的乐趣，从而拥有较强的学习动力。

（四）注重问题设置的互动性

在英语整本书阅读教学中，教师应注重问题设置的互动性，使课堂教学成为师生互动的过程。教师要引导学生进行质疑与思考，充分激发学生的学习思维，为学生营造轻松、愉快的阅读情境。

二、初中英语整本书阅读的问题设计方法

（一）找准学生学习盲点

从目前初中英语阅读教学课堂的情况来看，部分教师的教学方式仍停留在机械提问式的阶段，或者选用的阅读材料远超出学生的实际认知水平，从而限制了学生思维活动的发展，与启发学生逻辑思维能力的英语阅读教学目标背道而驰。因此，教师在设计整本书阅读问题时，需要尽量避免机械化或概念化的设计，使英语阅读教学目标与阅读问题设计保持一致，特别是要符合学生的实际认知水平。教师应找准学生的学习盲点，不断拓展学生的思维维度，从而达到调动学生积极性和增强课堂参与意识的目的。

（二）掌握文本的特点

不同体裁的文本在层次体系和内在逻辑上各有不同。因此，教师必须掌握文本的特点，以帮助学生更准确地解读文本的深层含义，更好地梳理文本的脉络。此外，教师还需要从体裁的角度出发，针对不同体裁设计各种英语阅读问题，这有助于学生掌握不同体裁的英语阅读方法，从而有效地增强他们的英语阅读理解能力，并提升他们的创造性思维能力。

（三）寻找文本支点

在设计整本书的英语阅读问题之前，教师必须先找出文本的关键点，即文本的核心内容。然后，依据学生的实际英语阅读理解能力和已有的英语阅读内容，并根据循序渐进的原则，精心设计从易到难、由浅入深的英语阅读问题。这样，学生可以通过解答一系列具有针对性和目的性的英语阅读问题，掌握英语阅读学习的规律和相关知识。采用"问题引导问题"的初中英语阅

读问题设计方法，体现丰富的层次感和迁移效能，可以更好地展现英语知识与技能之间的相互作用。学生可以在逐步深入的英语阅读问题解答过程中体验到英语阅读理解课堂的乐趣，有效提升他们学习英语的热情和兴趣。

（四）紧扣篇章重难点

在英语阅读教学中必然会存在一定程度的文化差异。例如，不同的英语词汇具有不同的含义；同一词汇在不同语境中又具有不同的功能，尤其是用于表达内容的语言符号更是复杂多样。这些文化差异正是形成英语阅读难点的关键原因。教师若想帮助学生突破这一难点，不仅需要处理好篇章内容的合理性，避免让学生陷入英语阅读问题的误区，从而影响学生的思维清晰度；还需要确保篇章意义的明确性。此外，教师还应巧妙地将英语知识、思想内容、文化信息进行有机整合，使学生能够获得更有意义的英语知识。

在初中英语阅读教学中，教师应注重问题设置的合理性、启发性、趣味性、互动性和层次性，循序渐进地提升学生的学习能力和阅读能力。通过师生的共同努力，构建一个高效、和谐的英语课堂，引导学生为日后的英语学习奠定坚实的基础。

三、初中英语整本书教学中问题链的设置

古人云："学起于思，思源于疑。"问题是思维的源泉，也是思维的引擎。问题链教学实施的前提是教师明确教学重点，对教学目标和学习目标进行科学的分解和细化。教师应依据教学目标，将教学内容设置为"以问题为纽带，以知识的形成、发展和学生思维能力的培养为主线"，将"学习目标"转换为"问题链"，并据此梳理教材的重点和难点，然后设计具体的学习活动。

（一）设定生活化的英语阅读问题——激活兴趣，建构联系

初中英语教师应善于设定贴近生活的阅读问题，引导学生在英语学习中引入生活素材，将英语作为日常交流的工具。以"The Difficult Search for American Products in the US"的教学为例。在课堂导入时，教师可以设定出国旅行的情境，并提出一些问题："If you have a chance to go abroad, where will you go?""If you go to Switzerland, what will you buy?"通过这些问题，让学生更多地了解"Made in China"这个概念，同时结合教材来回答相关问

题："Is it easy for him to buy American products? Why?"通过课堂学习与提问，使学生掌握泛读的阅读技巧，将英语知识与实际生活联系在一起，体现英语学科的工具性特征，引导学生灵活运用所学的英语知识。

（二）展开性问题——关注文本差异，凸显阅读能力

文本阅读是阅读教学中的重要环节，其成功与否直接影响到学生对文本理解的深度和准确性。因此，教师在授课前必须认真研究文本，进行深层次的解读，挖掘其中的隐含情感。在教学设计中，应围绕文本解读提炼出的主线，设计问题链来进行启发式追问，进而引导学生讨论，激发他们对文本的深入思考。教师预设的问题链不仅要具备广度和深度，还要注意难易结合，层次分明。

（三）巩固性问题——明晰态度，深挖内涵

从文本阅读到文本理解，不仅仅是认识几个词汇、熟悉几个句型、掌握几个语言点那么简单。从导入到展开，从了解故事到把握故事的发展过程，必定会有一个理解的升华，这就是文本阅读的意义所在。因此，教师可以设计一些巩固性的问题，如了解书中人物的性格或整体的故事情节等，要求学生阅读后，通过思考回答此类问题，有效巩固阅读效果。

（四）抓住阅读教材的切入点——巧设悬念，阅读推进

俗话说："良好的开端是成功的一半。"在初中英语阅读教学中，教师要善于抓住阅读教材的切入点，巧设悬疑，激发学生的求知欲，让学生带着问题进入阅读。例如，教师可以在备课过程中，充分结合阅读素材中的图表、导语和题目，引导学生进行预测，并结合悬念让学生展开想象，激活他们的学习思维。在阅读材料"What should I do?"中，教师可以设定如下问题："Look at the title. It seems that the author is puzzled about what to do next. Can you guess why he is puzzled?"这个问题能够充分激发学生的阅读积极性，让他们在阅读过程中验证自己的想象，这样也能引导学生快速抓住阅读的主题，为接下来的英语教学活动奠定良好的基础。

（五）强化语言输出能力——能力转换，素养形成

初中英语教师应善于利用问题来强化学生的语言输出能力。在英语阅读课堂中，教师首先需要帮助学生大致了解文本的基本脉络，然后提出问题，

引导学生开展交流与讨论。例如，在"Should friends be the same or different"的读后活动中，教师可以提出一些关于友谊的谚语，但不要求学生立刻给出答案，而是鼓励学生之间相互交流与沟通，比如说："Can you discuss this topic with your partner and report your ideas?"。在这个过程中，学生能够实现语言的输出，使英语知识成为学生在日常生活中沟通和交流的重要工具，从而提升学生的英语学科素养。

第二节　带着目标去读

英语阅读教学的目的是培养阅读策略和语感，特别是提升学生在阅读过程中获取和处理信息的能力。初中英语阅读教材题材广泛、体裁多样、语言知识丰富，是各单元教学的核心部分，也是培养学生阅读能力的主要渠道。然而，在不同的阅读阶段、面对不同的材料，甚至在不同的段落中，教师应采用不同的方式和技巧。

阅读是一种以理解为核心的认知活动，即通过阅读来领会和把握篇章内容的实质与表达形式的思维过程。对篇章的阅读理解，是一个从感性认识上升到理性认识的过程。阅读能力的培养，旨在培养学生的各项理解能力，使学生能够从感性认识上升到理性认识，从而全面、本质地理解篇章。为了满足社会发展的需要以及学生的兴趣与爱好，并能够直接、迅速地了解世界科技发展的最新动态，学生必须具备良好的阅读能力。英语教学的目标就是培养学生的独立阅读能力，这就要求教师在教学中必须注重培养学生的英语阅读能力。

一、落实学生语言训练，提升语言能力目标

英语学科是一种关于语言的学习活动，提高语言能力是其基本的教学目标。学生需要掌握足够的词汇和语法知识，提高语言意识和语感能力，能够运用交际策略和语言技能进行实践活动。这样的培养目标不仅需要在听、说活动中进行训练，也需要通过各种学习环节进行引导。阅读是实现学生语言训练的重要载体，教师要充分利用其中的语言知识对学生进行各方面的训练。

在传统的阅读教学中，教师对学生语言能力训练的认知较为狭隘，很多情况下不重视朗读，而是通过分析文本中的语法知识进行教学，这导致了严重的"哑巴英语"现象，无法实现学生语言能力的素质教育。因此，教师必须重视学生的语言表达，从多角度、多层次进行引导，提升学生的语言能力。

比如，在阅读英语小说时，教师可以首先通过播放音频或亲自朗读的方式，引导学生进行感受和理解，然后指导学生进行朗读活动，在综合环境中认识文本中的词汇和语法现象，而不是仅仅通过只看不读的方式进行死记硬背。在这样的学习过程中，学生的各种感官得到综合运用，有利于实现最佳的记忆效果和学习效果。此外，师生在进行信息交流和分享文本观点时应采用全英文交流方式，通过长期的实践锻炼形成习惯，从而在日积月累的使用中提高英语表达能力。除此之外，教师在学生平时的听、说等学习活动中，也要注重教材阅读素材的运用。教材提供的阅读资料内容丰富，紧贴学生生活，只要教师充分利用，学生的阅读能力就会逐步提升。

二、重视学生文本解读，提升思维品质目标

学生的思维能力是在不断地实践运用过程中得到有效培养和发展的。在传统的教学活动中，教师的阅读教学方法较为传统，缺乏对文章结构的分析以及相关话题中优秀词句的拓展和输入。教师通常主导课堂，学生缺乏自主解读的意识和能力，这也是导致学生阅读困难的重要原因。鉴于此，教师必须改变教育理念，重视学生在阅读中的主体地位，引导他们进行分析、推理和判断，提升理性理解和表达的能力，促进学生多元思维的发展。

例如，在教材关于"人与社会"的阅读内容中，教师可以首先通过题目引导学生思考，分析作者想要传达的具体信息，并对文本特点和大致内容进行合理猜测。接着，在文本阅读过程中，教师可以通过启发性的问题设置和阶梯式引导，帮助学生展开对文本的理解活动，从文本表面快速提取关键信息，理清篇章脉络，并结合个人认知经验进行有效的思考和深入的分析，体会作者表达的中心思想，获得个性化的阅读体验和收获。在这个过程中，根据阅读内容的难易程度，教师也可以采用小组合作探究的方式，发挥集思广益的优势，通过一系列活动引导，提升学生的思维品质和能力。

三、引导学生认知文化，提升文化品格目标

文化意识是学生核心素养培养的重要内容。学生通过阅读活动，获取文化知识，理解文化内涵，尊重文化差异，并树立民族文化自信，提升跨文化沟通能力，具备传播中华优秀文化的素养。英语学科的阅读内容涉及国内外许多的风俗民情，这对培养学生的文化意识有重要作用。因此，在阅读教学过程中，教师应综合分析文本内容，利用其中的文化信息进行引导，提升学生对文化内涵的感受和领悟能力，从而实现文化意识的有效培养。

在阅读关于各国不同节日的美食主题文章时，教师可以引导学了解重大节日的文化背景差异和各国习俗的特色，让学生在东西方文化的对比中感受文化交流的乐趣，拓宽学生的文化认知视野。同时，学生可以分享对国内外节日的个人观点和态度，从而加深对文化的理解。在更好地继承中华优秀文化的同时，也能兼收并蓄外来文化。文化背景和思维方式密切相关，学生在认知文化差异的过程中，其阅读理解能力也会得到提升，这是全面提高核心素养的重要环节。教师在教学活动的导入环节，融入文化背景的介绍，不仅能激发学生的学习兴趣，还能在潜移默化中拓宽他们的认知视野，提高他们的文化素养。总之，教师应引导学生认识中西文化的差异，通过文本载体提取和吸收文化信息，充分利用各种条件进行引导和渗透，在潜移默化中提升学生的文化意识。

四、尊重学生个体差异，促进学生个性发展

学生的个体差异是普遍存在的，也正是由于这种差异的存在，才构成相互补充、相互配合的集体，使学生在各行各业的工作中各有所长。教育教学的根本目的是尊重学生的成长需求，为其提供个性化的教育支持。教师必须尊重这一客观事实，努力做到因材施教，才能实现学生的不断进步和持续发展。在传统的教学活动中，教师习惯用整齐划一的标准进行要求，在某些情况下，过度的对比行为还会打击学生的自尊心和自信心。这严重背离了以人为本的教学理念，无法为学生的终身发展提供有效的帮助。初中阶段的学生正处于身心发展的关键时期，也面临着升学就业的第一个分水岭，教师对学生的教育影响是全面而深刻的，因此必须重视阅读教学的科学性和有效性。

任何有效的教学措施都必须依托于学生的实际情况，进行针对性的引导和规范。

在整本书阅读学习活动中，教师可以采用分层教学的策略进行引导。在语言训练活动或者文本理解及文化素养培养方面，教师应根据学生的兴趣特点和接受能力提出不同的目标要求，并给予不同的指导和点拨。每一次阅读教学都要让所有学生感到有所收获和成长。此外，教师还应重视学生的预习安排和作业设计，在统一规划的基础上考虑个性化的学习指导，使学生能够积极参与各种学习环境。除此之外，随着信息技术的发展，教师可以利用微课小视频的方式对学生进行针对性的补充或点拨。由此可见，阅读教学是一门艺术，教师需要认真分析和思考教学内容、教学目标和教学对象，制订科学有效的教学方案。作为课堂活动的组织者和引导者，教师需要重视自身的提升和发展，这样才能在阅读教学中游刃有余，为学生阅读能力的全面提升提供坚实的基础。

第三节 听、说、读、写融合

阅读是初中英语教学中一个非常重要的部分，提高学生的阅读能力在学生综合学习能力的培养中具有重要作用。然而，在实际的初中英语教学过程中，教师所采用的教学方法已经不再适应当前学生的发展，导致出现各种问题。因此，英语教师需要在整本书阅读教学中应用听、说、读、写融合的模式，以不断提高阅读教学的效率。

一、当前初中英语阅读教学中的问题

在当前初中英语阅读教学过程中，由于教师教学方法等综合性问题，学生在阅读学习中的效果并不理想。

（一）教师对英语阅读教学的理解不够深入透彻

部分教师在设计英语阅读课堂教学时，往往依据"听、说、读、写"四个方面进行教学设计。特别是在英语课堂上，教师明显地将课程分为听力课、口语课、阅读课和写作课。虽然课程进行了分类，但在实际教学过程中，教师仍然会让学生边听、边看、边学，甚至将一些基本的语法和听力知识融入阅读课中，使得一节原本简单轻松的阅读课变成了复杂的语法、句意和词汇教学，导致不同的课堂教学内容杂糅在一起，学生的英语阅读效率大大降低。

（二）教学目标宽泛、模糊，且未根据学生情况具体分类

部分教师在书写教学目标时，设定的目标往往缺乏可操作性，也就是说目标非常宽泛、模糊。相对较宽泛的目标并不能真正培养学生的能力。教师应该根据每堂课具体的教学情况，不断缩小目标范围，具体细分每堂课的学习任务，这样才能真正达到教学目标。

（三）未设计有效合理的问题，影响综合教学效果

在初中英语教学过程中，尤其是在英语阅读课堂上，教师必须设计出有效且合理的问题，逐步引导学生由浅入深地进行阅读。合理的问题不仅能够激发学生的阅读兴趣，还能够帮助他们更好地进入阅读状态。然而，在当前初中英语教学过程中，部分教师提出的问题过于简单和笼统，例如"What's the main idea of the novel?"这样宽泛的问题无法集中学生的思维，也无法进一步培养学生的理解能力。

二、"读写融合"在初中英语教学中的重要性

初中英语教学的重点在于培养学生的阅读和写作能力。阅读和写作是英语学习的两项基础能力，并且两者之间关系密切、相辅相成。学生只有通过不断的阅读才能掌握写作的素材，而熟练的写作能力也能帮助学生深入剖析阅读材料的本质。因此，研究初中英语阅读和写作的教学模式具有重要意义。通过初中英语的读写结合教学，可以实现阅读与写作的有机融合，使学生在阅读过程中掌握英语语言，并在写作过程中科学运用英语语言，准确表达个人的想法与见解。教师可以尝试采用分梯度的读写结合教学策略，即在低年级进行"读写结合"分层写作微技能的教学，在中高年级进行基于话题的综合"读写结合"分层教学。

在教学中，教师要引导学生认真阅读和深入分析文本，培养学生的情感认知，将阅读与写作有机融合，从而构建高效的英语课堂，全面提升课堂教学质量，提高学生的核心素养。

整本书阅读是一种能够循序渐进地提升学生阅读能力的教学方法。它不仅让学生接触到丰富、地道的英语语言知识，了解多种多样的英语语言形式，还可以帮助学生连贯地掌握阅读材料的整体脉络，从而对英语背景知识有更深入的理解，开阔视野，形成成熟的价值观、人生观和世界观。"读、思、写"模式是一个连续的学习过程，通过阅读促进写作，将阅读中的精华应用于写作中，强调学生在思考环节的重要作用。学生需要广泛阅读各种课内外的英语材料，学习和理解英语文章的框架结构，经过思考的过程，最终将阅读中学到的知识融入写作活动中。这样逐步提升学生的阅读水平和写作水平，有助于培养良好的阅读习惯、思考习惯和写作习惯。初中英语教学不仅仅是简单的记忆单词和背诵写作范文，更在于培养学生的英语应用能力，使他们能够灵活运用英语知识解决生活中的实际问题，提升英语核心素养。因此，英语教师需要在整本书教学中应用"读、思、写"模式，不断提高教学效率。

（一）为写作提供素材

众所周知，阅读是积累词汇的一种有效方法，然而，学生对教师的阅读要求往往不能完全落实。如何让学生爱上英语阅读，需要一个合理的激励机制。教师一方面要采用各种有效的阅读教学方法调动学生的阅读积极性，另一方面要做好阅读指导。教师可以多利用整本书的阅读教学方法，帮助学生养成积累词汇的习惯，丰富他们的词汇库，从而让他们爱上英语阅读。

（二）探究思考，实现深层思考

文章内容或信息涉及多个方面，如主题、事件要素、逻辑关系和作者观点等。文章结构是文章的骨架，是谋篇布局的重点。学生若想成功获取所需的文章信息并形成文章结构思维网络，就需要一定的阅读策略作为支撑。在阅读教学过程中，教师可以通过思维导图、填空、判断等形式引导学生快速而有效地获取文中的重要信息，使文本所表达的概念之间形成体系和层次。教师通过思维导图帮助学生养成自上而下的语篇分析能力，清晰、系统地呈现文本的篇章结构，避免出现"只见树木，不见森林"的现象，从而提高学生的语篇阅读能力，以及分析、判断、归纳、推理等综合能力。这不仅能帮助学生更深刻地理解阅读材料的内容，也方便他们组织和提炼信息，为后续的写作做好铺垫。

同时，教师也应该组织丰富多彩的学生阅读竞赛，以展示学生通过阅读所积累的成果。在阅读交流中互动，有效提高学生对英语整本书阅读的积极性。

（三）促进学生的全面发展

读写结合不仅能够培养学生的写作能力，还能为学生阅读能力的提升提供强有力的基础保障，并促使学生对词汇和语言应用进行整合，从而加深对阅读篇章的理解。由此可见，读写融合教学可以有效提高学生的写作和阅读能力，使学生的英语能力得到全面发展，为未来掌握更多的英语知识奠定坚实的基础。

（四）加强阅读训练

在阅读与写作相结合的过程中培养学生的核心素养，要求教师更加注重启发学生的思维和拓展基础知识，从而提高学生的阅读理解能力和情感认知水平，并在充分准备的基础上开展写作研究，实现双向教学的效果。此外，教师必须注重培养学生在阅读过程中的语言知识内化与吸收能力，同时培养学生在写作过程中的语言文本构建能力。通过"以读促写"，达到"以写载读"，确保阅读与写作双向探究的质量与效果。为此，教师应注重阅读与写作技巧的训练，使学生增加语言知识储备，积累阅读文本的经验，学习作者的语言表达以及词汇、短语的使用方法，从而积累阅读的知识与技巧，为进一步提高写作技巧和水平奠定坚实的基础。

（五）将"读、思、写"阅读模式贯彻在初中英语整本书阅读教学中

教师应该如何在整本书阅读教学中贯彻"读、思、写"阅读模式呢？

1. 首先是对"读"环节的探究

在正式开始阅读前，教师可以要求学生默读本堂课的教学内容。在这个过程中，学生对阅读的主要内容会有一定的了解。学生默读完后，教师可以要求他们大声朗读，并勾画出篇章中不理解的句式。这不仅能帮助学生快速理解字面意思，还能让他们通过大声朗读感受到语言的魅力。

2. 其次是对"思"环节的探索

在学生朗读结束之后，教师需要给予学生一定的时间，让他们对朗读中出现的问题进行思考。在学生思考的过程中，教师可以由简到难设置一

些具有挑战性的问题，并将这些问题抛给学生，让他们主动思考和解答。例如，在学生思考结束后，教师可以要求学生用一个单词概括本文的主要内容，并让学生解释为什么选择这个单词，从而充分调动他们的思考能力。

3. 最后是对"写"环节的探究

阅读的目的是提高学生的理解能力，从而提升他们的综合英语学习水平。在阅读正式完成后，教师可以要求学生用英语写下他们的感悟，即撰写读后感。根据当前初中学生的英语水平，教师可以适当控制读后感的字数，例如限制在 60 字以内，以减轻学生的学习负担。在写作过程中，学生对本堂课的阅读材料会有一个系统的理解，对篇章的主要内容和思想感情也会有更深刻的认识，这能够有效提高课堂的教学效率。

四、读写融合模式在整本书阅读中的应用

初中教师在英语整本书阅读教学过程中，应大力推动读写融合模式的构建，促进学生英语阅读与写作能力的发展。

（一）设置读写任务，培养语言能力

在初中英语整本书阅读教学中，读写融合可以实现以读促写、读写结合，对学生语言能力的发展有着显著的促进作用。

例如，在阅读某本书的经典片段时，教师可以在阅读教学中先进行基本词汇和句型的讲解，然后再将这些内容放入整本书中，帮助学生掌握单词和句子的用法。随后，教师可以为学生设置任务，随机挑选三位学生运用阅读时已掌握的句型进行提问。最后，教师可以让学生整理并加入相关的关联词，形成小篇章进行汇报，从而提高学生的语言意识和能力。

（二）创设教学情境，培养思维品质

在英语学科的核心素养中，思维品质的培养是一个非常重要的维度。我们应该将思维品质的培养始终贯穿于教育教学中，使教学的开展更好地展现育人效果。因此，在读写融合的过程中，教师可以适当地加强情境创设，以增强学生的学习体验，使学生的思维变得更加积极和活跃。

例如，在阅读购物题材时，教师可以为学生创设一个"shopping"的情

景，其中包含各种各样的物品及其价格。在后续的活动中，教师可以引导学生根据自己的喜好选择角色，并在此基础上进行对话的创编和展示。学生在这个过程中实现读写融合，思维得到灵活运转，核心素养在课程教学中得以渗透和落实。

（三）挖掘文本因素，培养文化意识

英语学科核心素养中的文化意识指对中外文化的理解和对优秀文化的鉴赏，是学生在新时代表现出的跨文化认知、态度和行为选择。教师在英语教学中应尽量使学生的阅读和写作得以落实，丰富学生的体验，增强他们的文化意识。例如，在阅读与美食文化相关的题材时，教师应利用资源发散学生的思维，引导他们获取外国饮食文化的信息。教师可以通过思维引导提出问题："What are the differences between Chinese and foreign food cultures?"学生可以畅所欲言。随后，教师可以引导学生以"Comparison of Chinese and Foreign Food Cultures"为主题进行写作，并要求他们在写作过程中使用"like"或"don't like"来表达观点。

（四）实现课堂翻转，培养学习能力

在英语教学的过程中，教师应构建翻转课堂，以锻炼学生的学习能力。例如，在阅读有关人物的题材之前，教师可以结合比较级的用法设计微课，以便学生课前预习。教师还可以引导学生在与同学进行比较后进行写作，但不写出名字，写作完成后，再让大家互相猜测，从而发展学生的学习能力。

在核心素养的视角下，教师在英语教学中大力倡导读写融合是非常重要的。学生读写水平的提高，有助于增强他们的语言能力和综合素质。

（五）重视课前导入，培养读写兴趣

读写融合教学法的应用可以帮助学生积累大量的英语基础知识，培养学生的英语学科素养。因此，为了提高教学效率和学生的学习能力，教师应充分重视课前知识的导入环节。在这一环节中，设计一些学生感兴趣的学习话题，或布置较为简单的阅读任务，能引导学生开展有计划、有针对性的阅读活动，使学生的阅读更具目的性和高效性。这不仅可以吸引学生的注意力，提高他们的阅读效率，还能培养学生的英语学习兴趣。在课前，教师应为学生布置一些具有启发性和引导性的问题，引导他们查阅相关资料，然后对资料进行整理，最终找到问题的答案。在此过程中，学生的阅读有效性将得到提高，也将为今后的英语写作奠定良好的基础。

（六）分析阅读文本结构，培养写作布局能力

为了提高初中英语教学的有效性，教师应制订科学、有效的教学方案，明确阅读与写作之间的关系，帮助学生掌握相关的知识要点。教师要引导学生将阅读与写作有机融合，深入、全面地分析阅读文本的结构，在此基础上培养学生的阅读思维能力，从而拓宽学生的写作思路，使他们能够在写作中模仿一些优秀的文本布局模式，不断提升写作能力。

（七）开展高效阅读活动，导入写作教学目标

在初中英语读写教学中，教师应秉持精细化的教学理念，科学地导入写作教学目标及要求，在此基础上拓展学生的视野，丰富学生的写作素材，重点培养学生的写作能力。教师要引导学生积极地吸收英语阅读知识，积累大量的阅读材料，有效地培养学生的英语语感，增强学生的创新能力与语言表达能力。这些素材及语法知识都可以应用于今后的写作中，从而在培养学生阅读能力的同时有效地增强学生的写作能力。在此基础上，实现以读促写、以写促读，使阅读与写作有机融合，相互促进，共同发展。在阅读教学中，教师要提升学生的技能水平，通过阅读活动使学生储备更多的语言知识，积极地学习阅读文本中的经验，掌握作者采用的语言表达方式，更加灵活、科学地运用词汇及词组，使学生获得深厚的阅读基本功，进而推动其写作水平的提升。

（八）提取阅读文本情感因素，培养写作灵感

在初中英语读写融合的教学活动中，教师应积极、合理地融入情感教育，充分重视学生文化意识的培养，全面提升教学质量。教师要为学生选择一些具有深厚内涵的篇章，指导学生科学地提取篇章中蕴含的情感因素。在深刻感悟和理解后，将个人的想法和见解融入相同话题的写作中，从而全面提升写作文本的整体质量，使其更加饱满、充实。学生也要利用所获得的题材，写出更加优秀的文章，并基于此全面分析阅读与写作之间的重要关联。教师要充分关注学生在读写融合过程中获得的学习体验，深

化学生的情感感悟，丰富学生的情感体验，并在此基础上培养他们的文化意识。

（九）基于阅读训练拓展知识，培养语言构建能力

在初中英语阅读教学中，教师应充分重视对学生思维的培养，帮助学生掌握更多的素材知识，深化他们对阅读的理解，丰富他们的情感体验。通过大量的阅读训练，培养学生的阅读兴趣，提高他们的阅读水平，引导学生吸收阅读中的语言知识。在此基础上，教师应引导学生进行写作训练，培养他们的语言构建能力。在阅读教学中，教师要引导学生进行深度阅读，掌握作者采用的语言构建方法，能够对一些语法、形容词与描述性短语等进行提炼，从而丰富他们的知识体系，拓展他们的阅读视野，培养他们的阅读能力，不断优化他们对语言的灵活应用，提高他们的写作素养。

（十）开展合作学习，强化课后写作训练

在初中英语教学中，教师应加强与学生之间的互动与交流，并引导学生之间交流互动，以拉近师生和生生之间的距离，增进彼此的感情，使读写融合的教学工作更加顺利地进行。在教学过程中，教师可以将全班学生划分为若干小组，指导学生以小组为单位开展合作学习和研究。小组成员共同探讨和分析学习中遇到的问题，找到解决问题的科学方法与手段。通过交流与互动，有效地培养学生的读写能力，全面提升学生的英语学科核心素养。

（十一）挖掘教材阅读内容，激活学习兴趣

任何教学都离不开学生的学习兴趣。教师在教学中应注重教材中的阅读内容，激发学生对教材内容的兴趣；帮助学生逐步掌握新的单词、新的词组及基本的语句，进而通过阅读材料开展阅读技巧和基本写作技能的培训。教师在课堂上应围绕主题对篇章进行精讲、细讲，并要求学生用自己的语言叙述阅读内容，回答与阅读内容相关的问题。例如，在阅读关于友谊主题的内容时，教师可以通过提问的方式引导学生用英语思考和回答有关"交朋友"的问题，从而培养学生用英语思考问题的习惯。如下：

Are you getting along well with your classmates?

Who is your best friend in your class?

What kind of person do you think you can rely on?

学生带着这些问题，从书中寻找答案，并用自己的语言写下来与大家分享。在这种开放式的课堂教学中，教师引导学生主动学习，使学生通过不断的自我分析，感受到其中的价值和乐趣。学生学会如何表达自己的内心，并逐渐增加对英语读写的兴趣。

（十二）阅读中分析语句，提升写作水平

初中阶段是学生打下坚实英语基础的关键时期。在读写融合教学模式中，教师首先教会学生如何阅读，然后让学生根据"读"中所学进行写作。这种教学模式是一种整体性很强的教学回溯过程。教师先帮助学生理解阅读内容，将知识传授给学生，这是一个"输入"的过程。随后，让学生根据所理解的阅读内容进行仿写，这是一个"输出"的过程。教师通过评估学生所"输出"的文章水平，进一步考核学生的阅读和写作能力，帮助学生更好地内化知识。同时，教师引导学生积极撰写读后感也是充分进行读写融合的有效策略。毫无疑问，要完成读后感的写作，首先必须全面掌握阅读内容，否则可能导致读后感偏离原文。要完成读后感，意味着学生必须认真阅读。在撰写读后感的过程中，学生可以结合阅读内容，充分发挥自身的想象力，积极创新，表达出属于自己的新颖观点，获得全新的体验。

（十三）拓展英语教材，强化阅读训练

教师应重视教材文本的教学，引导学生深入阅读，从而提高学生的英语阅读水平，为他们的英语写作打下坚实的基础。首先，教师应带领学生对教材文本的内容进行整体解析，分析每段内容、中心思想及重点词汇等，帮助学生逐渐养成良好的阅读习惯。其次，学生需要逐步深入理解教材文本内容，理解得越深，受到的启发和学到的知识就越多。为此，教师应引导学生记录教材文本中写得较好的英语句子及篇章结构，并鼓励学生将这些知识转化为自己的知识，从而提高英语写作能力，培养灵活运用知识的能力。

引入英语学科核心素养，要求教师更加注重对学生思维的启发和基础知识的拓展，这样才能提高学生的阅读理解能力和情感认知水平，并在充分准备的基础上开展写作研究，进而实现双向教学的效果。为此，教师应注重阅读与教学技巧的训练，使学生增加语言知识储备，学习作者的语言表达和词汇、短语的使用方法，从而积累阅读的知识与技巧，为进一步提高写作技巧水平打下基础。

（十四）阅读渗透德育理念，丰富写作灵感来源

教师应结合学生核心素养培养中的具体要求，融入德育思想，从而提高初中英语读写融合教学的质量。为此，在实际教学中，教师可以以阅读内容为切入点，选择具有丰富内涵的文本作为探究的重点，引导学生从文本中提取情感因素，并在学生理解和领悟之后，要求他们将相关思想注入同一主题的写作中，以丰富文章的情感。同时，在掌握了文字探索的灵感源泉后，学生可以通过合理输出来优化篇章素材，支持文章中的重要论点。此外，教师应通过分析阅读和写作过程之间的情感关联，关注学生在阅读和写作融合过程中的双重学习体验，进而增强学生在情感理解方面的文化意识。

（十五）构建初中英语整本书阅读教学评价机制

除了采用有效的策略指导学生进行阅读外，教师还要善于利用有效的评价机制来激发整本书阅读与语言训练之间的互动，实现英语教学与整本书阅读的有机融合，促进学生英语素养的提升。评价即引导。整本书阅读评价机制的创设目的在于关注学生整本书阅读过程，旨在通过落实学生的个人阅读计划，收集、记录、展示、反馈学生在阅读过程中的成长与进步，多角度、多元化地评价学生阅读计划的落实情况、阅读能力和水平、阅读习惯的养成以及阅读手段的运用等方面的情况。

第四节　交流互动阅读

为营造良好的阅读氛围，首先教师应成为学生的阅读引领者和指导者。在每天的英语课上，教师可以抽出约 5 分钟的时间。在布置阅读任务或指导阅读策略之后，教师应与学生分享前一天的阅读成果，交流阅读心得，并对按时完成阅读任务和积极分享的学生给予适当的表扬和鼓励。此外，可以开展一系列课外阅读活动，以提高学生的阅读积极性。例如，可以举办词汇大

赛（词汇主要来源于本学期整本书的阅读书目）、整本书阅读手抄报比赛、思维导图比赛和优秀摘抄本评比等活动。一旦形成良好的阅读氛围，学生就会对阅读更感兴趣，他们的阅读行为也会更加持久。

对于初中生来说，在进行英语整本书的阅读时，应注重交流互动。可以通过小组合作的方式进行阅读，或主动与他人交流，这样可以达到更理想的阅读效果。

一、导读课

导读课的意义在于启发，通过教师的引导，激发学生的阅读兴趣，帮助他们掌握一定的阅读技巧。以上海外语教育出版社的"黑布林英语阅读"丛书为例，一学期可以阅读1至2本，每本书开设1至2节导读课。以下是导读的主要策略。

（一）副文本导读

副文本是指在正文和读者之间起桥梁作用的，用于展示作品的一切言语和非言语材料，包括封面、序言、插图、目录等。例如，在《杰克的悠长夏天》一书的导读课中，笔者这样引导学生进行副文本阅读：

T：Look at the cover of the book. What do you learn from it?

S：The title, the author, the genre, etc.

T：Good! Now, can you tell me the title of the book?

S：Jack's Endless Summer.

T：The author is ...?

S：Martyn Hobbs.

T：What do you know about him? (Give a brief introduction of the writer.)

T：What kind of book is it?

S：Graphic stories.

T：Do you like reading stories?

S：Yes.

T：Who is the story about?

S：Jack.

T：What season is it?

S：Summer.

T：What's the weather like?

S：It is hot.

T：How is the boy feeling? Why? Let's start reading.

副文本导读可以激活学生已有的图式，拉近学生与作者之间的距离，激发学生的阅读期待。

（二）图片导读

"黑布林英语阅读"丛书配有精彩的插图，每一幅插图都是对文中对应场景的直观表现。善用这些插图，可以帮助学生更好地理解读物的内容。以下是《扎迪夺冠日》导读课中笔者选取的部分图片。

图 4-1 是封面的插图，教师可以引导学生通过观察封面插图思考以下问题：What ball game is it? Who are they? Where are they? 以此激发学生阅读本书的兴趣。图 4-2 和图 4-3 是本书的主要人物图。通过聆听一段关于人物介绍的录音，学生可以排列图中人物的顺序并理清人物关系，从而熟悉本书的主要人物，为阅读奠定基础。图 4-4、图 4-5 和图 4-6 展示了书中一些精彩片段。通过提前展示这些图片，可以激活学生的思维，调动学生的多种感官参与其中。学生可以发挥想象力，通过观察插图想象当时的情景，预测情节；接下来，通过与同伴分享，进行表达力和思维能力的训练，锻炼思维能力，发展口头表达能力；最后，教师可以给学生一些时间快速阅读相关段落，深入了解情节，满足学生的求知欲。

图 4-1 封面

图 4-2 主要人物图（一）

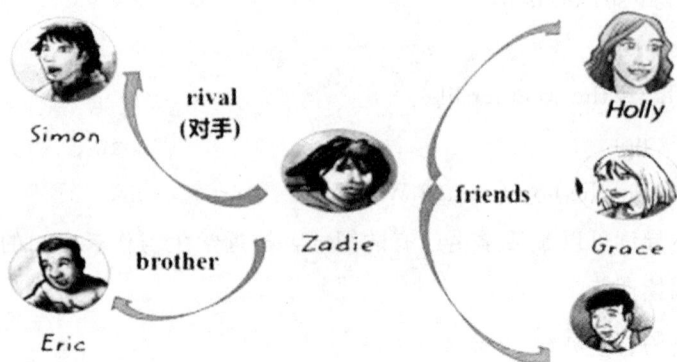

图 4-3 主要人物图（二）

图 4-4 精彩片段（一）

图 4-5 精彩片段（二）

图 4-6 精彩片段（三）

（三）同名电影导读

"黑布林英语阅读"丛书中的经典小说通常会有同名的电影，例如《爱丽丝梦游仙境》《绿野仙踪》等。电影的表现形式活泼直观，更受学生欢迎。在阅读整本书前，让学生观看同名电影，有助于他们对读物的主要内容进行初步了解。当然，看完电影后，我们不能只停留在内容方面。教师可以引导学生在阅读过程中找出书和电影的相似之处和不同之处，可以从情节方面进行描述，也可以从人物形象方面进行对比。可以谈谈你更喜欢哪一种表现手法，并说明理由（图 4-7）。同名电影导读可以培养学生的批判性思维。

图 4-7　小说与同名电影比较

（四）方法导读

无论采用哪种策略进行导读，阅读方法都是必不可少的。阅读方法是关系到学生能否坚持整本书阅读的关键。阅读方法的指导，有助于培养学生良好的阅读习惯，如使用工具书、遇到生词时联系上下文进行猜测、预测故事情节的发展、边读边做简单的阅读笔记、绘制简单的人物关系图等技巧。通过这些阅读技能的指导，学生在进行整本书阅读时会更加顺畅。随着阅读技能的不断积累，学生的阅读速度和阅读质量也会自然而然地提高，这对学生综合阅读能力的提升有很大的促进作用，并且在学业考试做阅读理解题时得以凸显出来。

二、精读课

精读课本来应该是英语整本书阅读的核心环节，但由于时间限制，大多数整本书的阅读只能安排在课后完成。在校期间，教师会与学生共同选取 1 至 2 本书进行师生共读，寒暑假则由学生自行选择 1 至 2 本书进行自读，书目不限。一般来说，教师可以要求学生每周进行课外阅读不少于 5 次，每次阅读时间不少于 20 分钟。为了监控学生的阅读进度，教师可以要求学生在阅读过程中完成相应的阅读任务。

对于自选书目，笔者设计了适用于所有章节的阅读积累表（图 1-1）。学生每天可以积累几个好词好句，并进行背诵，将其内化为自己的知识，从而提高英语成绩。此外，学生可以谈谈自己最喜欢的角色或场景，从中发现阅读的乐趣。对于故事类文本，笔者引导学生从事情的起因、经过和结果进行梳理，或者从问题的提出和解决的角度进行分析（图 4-8）。对于人物传记类文本，则建议学生建立人物档案（图 4-9）。

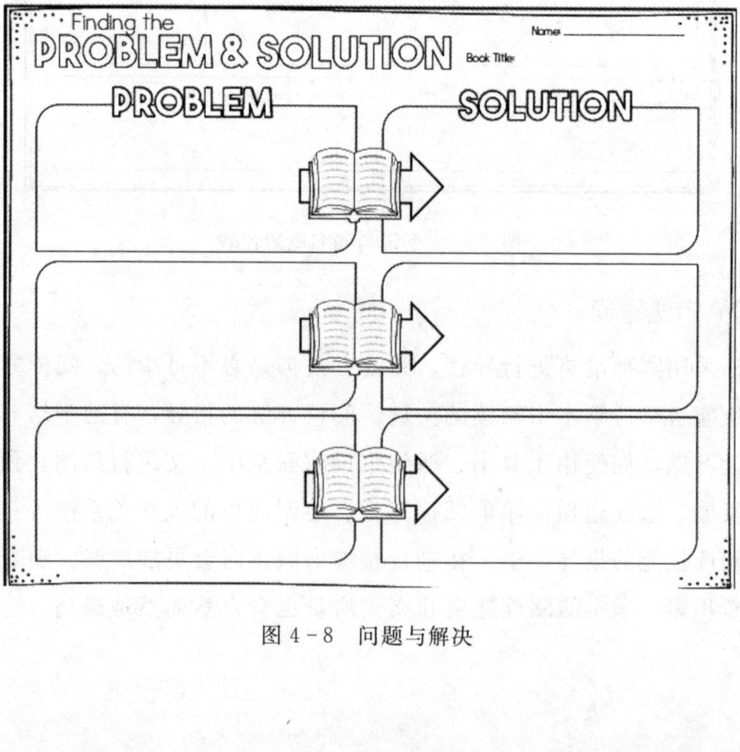

图 4-8 问题与解决

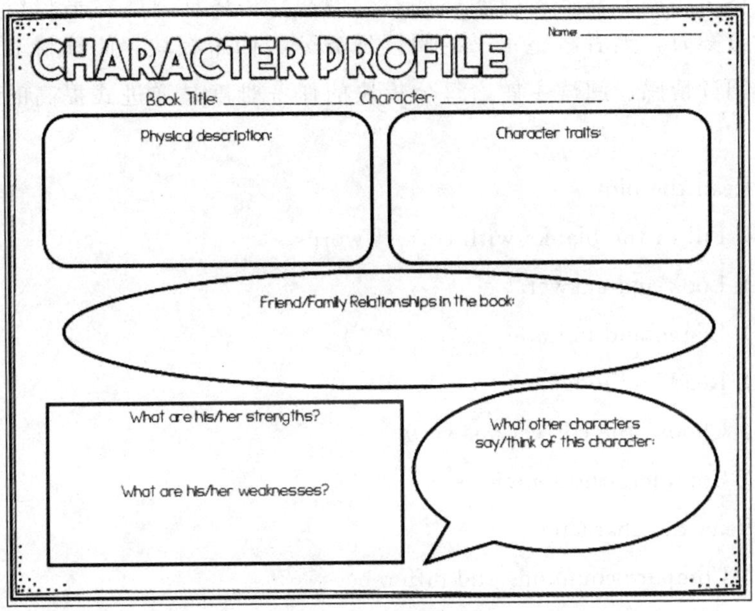

图 4-9 人物档案

对于在校期间共同选取的共读书目，教师需要精心设计导读方案。笔者通过实践发现，利用导读方案对学生进行课外英语整本书阅读的监控和指导是一种行之有效的方法。因此，设计一套有效的导读方案对于引导学生进行课外英语整本书阅读具有重要意义，但需注意导读方案的设计原则。

（一）目标明确

导读方案首先应该明确阅读的主要目标和任务，如理解故事情节、把握主题和人物形象等，以便学生更好地理解文章的背景和意图。例如，我们在设计"黑布林英语阅读"丛书中《微笑重归》的导读方案时，就将阅读的目标确定如下：

（1）掌握短篇小说的阅读技巧，包括情节、人物、主题等。

（2）回顾 Sarah 和 Ben 寻找眼泪之神的旅程细节。

（3）欣赏小说语言之美，探索小说意象。

实践证明，导读目标越明确，学生越容易在阅读中掌握知识。

（二）逐步增加难度

导读方案的设计需要根据学生的英语水平和阅读能力，逐步增加阅读难度，使学生能够逐步提高阅读能力。例如，在设计《微笑重归》这本书的导读方案时，笔者将整本书的阅读任务分为四个板块：阅读情节、阅读人物、阅读情感、阅读主题。每个板块的任务难度是递进式提高的，题型如下：

1. Read the plot

（1）Fill in the blanks with correct words.

（2）Look and answer.

（3）Listen and imitate.

（4）Read and judge.

（5）Choose the correct answers.

（6）Complete the sentences.

2. Read the characters

（1）Compare commons and differences.

（2）Which character impressed you the most? why?

3. Read the emotions

（1）cheer up Ben.

（2）play for the witches.

（3）play for the goblins.

（4）play for the Dwarves.

（5）Stop the Lord of Tears from crying and help him fall asleep.

4. Read the theme

（1）If Sarah and Ben are also afraid of the Lord of Tears or give up halfway, what will happen?

（2）Supposing（假使）the flute could speak, what would it say?

（3）What enables Sarah and Ben to successfully complete their task?

从以上题型可以看出，第一板块"Read the plot"的任务是最简单的，学生可以直接在读本中找到答案，这样不会在一开始就打击学生的阅读兴趣，产生畏难情绪。第二板块"Read the characters"的难度比第一板块稍大一点，但学生通过教师设计的表格也不难归纳出来。第三板块"Read the emotions"的难度比第二板块有所提高，需要学生找到相关的语句，反复琢磨才能体会出作者要表达的情感。第四板块"Read the theme"的难度是最大的，需要学生在理解读本的基础上发挥自己的想象力才能完成，并且需要较高的语言表达能力才能表达出来。渐进式的难度设计可以满足不同层次学生的阅读需求，也有助于提高学生的阅读能力。

（三）多元化活动

导读方案的任务形式需要多样化，如词汇练习、阅读理解题、角色扮演等，以激发学生的学习兴趣和参与度。多样化的任务能让学生对接下来的任务有所期待，保持对阅读的兴趣，同时也能全面培养学生的各项能力。

教师在设计整本书的阅读任务时，还应综合考虑听、说、读、写等基本技能。学生在阅读的过程中，需要调动多种感官，通过朗读、观看、表演、写作等方式，将语言输入与输出相结合，不断提升语言能力。

（四）激发思考

新课标对学生的思维能力提出了更高的要求，导读方案应该鼓励学生进行思考和讨论，启发他们对英语学习的深入思考和理解，提高他们的思维能力和英语表达能力。例如，"Compare commons and differences"任务引导学生思考人物角色的共同点和不同点，然后追问"Which character impressed you most? why?"，引导学生用英语表达自己的观点；最后，还可以让学生续写结尾，发挥自己的想象力，为文章创造一个自己喜欢的结局。通过这些任务，学生们可以天马行空，无限想象，发散思维。

三、分享课

阅读整本书后可以设定1至2节的读后分享课。分享的内容可以是精读过程中完成的任务，也可以是绘制整本书的思维导图或制作好书推介的小报，还可以是精彩片段的表演或电影配音。通过多种形式的展示，学生能够更好地体验阅读带来的乐趣和成就感。展示活动通常以小组合作的形式进行，培养学生的沟通和合作能力。通过小组间的交流，有助于学生内化知识，体会阅读带来的成功感和喜悦。

由于学生在认知能力、理解能力和经验积累等方面的差异，学生之间存在着明显的不同。在开展整本书阅读时，需要考虑到学生个体之间的这些差异。教师可以尝试采用分层小组阅读的策略，通过小组合作与互助来提高英语阅读能力，同时增强团队合作能力。小组分组的依据是学生英语阅读能力的水平，根据不同的阅读能力水平分为同质小组和异质小组。同质小组是将学习能力相近的学生分在一个小组，便于布置不同层次的阅读任务，增加组内的竞争和合作。异质小组则是将学习能力不同的学生分在一个小组，便于组内相互学习，增加组间的竞争。在开展整本书阅读教学时，可以根据需要灵活采用这两种不同的分层小组阅读方式，以促进学生的阅读能力发展和增强学生的团队合作能力。

四、跨学科融合拓宽视野

跨学科融合在初中英语整本书阅读中展现出其独特的价值和意义。跨学科的交流活动鼓励学生从多个学科的视角审视和理解文本，从而拓宽学生的知识视野，增强学生的综合素养。

以阅读 *The Diary of a Young Girl*（《安妮日记》）为例，这本书是安妮·弗兰克在二战期间躲藏时所写的日记。在阅读过程中，教师尝试将历史学科与英语教学相结合。教师首先为学生提供了关于二战时期的历史背景资料，帮助学生理解安妮所处的时代和环境。在了解历史背景后，学生能更深入地体会到安妮在日记中表达的情感和思想。

此外，在阅读科幻小说 *The Time Machine*（《时间机器》）时，教师将科学知识与英语教学相结合。教师引导学生探讨时间旅行的科学原理，并让他们研究现实中的科学理论和实验，探讨是否有可能实现时间旅行。这种跨学科的学习让学生探索科幻小说的内容产生了更浓厚的兴趣，并激发了他们探索科学的欲望。

跨学科融合的教学还可以应用于其他类型的文本阅读中。例如，在阅读关于环境保护的书籍时，可以融入地理和生物学的知识，让学生了解全球变暖和生态保护的重要性。在阅读关于艺术和历史的书籍时，可以结合美术和历史学的知识，让学生欣赏艺术作品并了解它们背后的历史故事。

跨学科融合的教学策略不仅丰富了阅读教学的内容，还提高了学生的综合素养。学生学会从不同学科的角度分析和理解问题，培养了全面的思维能力和解决问题的能力。同时，这种教学策略也激发了学生的学习兴趣和主动性，使他们在阅读过程中更加积极、主动地参与思考和讨论。

在实施跨学科融合的教学策略时，教师需要注重不同学科之间的内在联系，并合理设计教学任务。例如，可以组织学生进行小组讨论，让他们从不同学科的角度解读文本，并分享各自的观点和见解。教师还可以为学生提供相关的学科资源，帮助他们深入研究并拓展知识视野。

五、师生共读营造氛围

在初中英语整本书阅读中，师生共读不仅是一种教学策略，更是一种情感交流的方式。它能够有效拉近师生之间的距离，营造出一个积极、和谐的阅读氛围。这种氛围对于激发学生的阅读兴趣以及培养他们的阅读习惯和能力至关重要。

以阅读 *The Lion, the Witch and the Wardrobe*（《狮子、女巫与魔衣橱》）一书为例，教师尝试与学生一起沉浸在这个奇幻的世界中。在阅读过程中，教师与学生共同分享了对书中角色的理解，讨论了纳尼亚世界的奇幻之处，以及书中蕴含的勇气和友情等主题。

通过师生共读，教师能够及时了解学生的阅读需求和困惑。例如，当学生在阅读过程中遇到生词或难句时，教师可以立即给予解释和指导，帮助他们扫除阅读障碍。同时，教师也鼓励学生提出自己对故事情节和人物角色的看法，倾听他们的观点，并给予积极的反馈。

为了营造浓厚的阅读氛围，教师还可以组织一系列与阅读相关的活动。例如，共同绘制《纳尼亚传奇》世界的地图，并讨论各个角色的特点及他们之间的关系。这些活动不仅增强了学生对文本的理解，还促进了师生之间的情感交流。

在师生共读的过程中，教师深刻体会到互动交流的重要性。只有当学生感受到教师的关注和支持时，他们才会更加积极地参与阅读。因此，教师始终注重与学生的沟通，鼓励他们发表自己的见解，让他们在轻松愉快的氛围中享受阅读的乐趣。

通过实施师生共读策略，笔者发现学生的阅读兴趣和阅读能力都得到了显著提升。学生开始主动寻找适合自己的阅读材料，并积极与教师分享他们的阅读心得。

六、技术辅助提升效果

随着科技的不断发展，现代信息技术在教学领域的应用越来越广泛。在初中英语整本书阅读中，利用信息技术辅助教学可以显著提升教学效果，帮助学生更好地理解文本内容，并激发他们的学习兴趣。

以阅读 *To Kill a Mockingbird*（《杀死一只知更鸟》）一书为例，教师尝试利用多媒体教学资源来辅助学生的阅读。首先，教师通过展示与书中情节相关的图片和视频，帮助学生形成对故事背景和人物形象的直观印象。这些视觉和听觉材料不仅让学生更加生动地理解了文本，还激发了他们对故事情节的浓厚兴趣。

除了多媒体教学资源，教师还可以利用在线学习平台为学生提供了丰富的学习材料和互动机会。例如，教师在平台上发布了关于书中主题和人物角色的讨论话题，鼓励学生在线发表自己的观点，并与其他同学进行交流。这种线上互动方式不仅提高了学生的参与度，还锻炼了他们的英语表达能力和批判性思维。

教师还可以利用技术工具进行实时的教学反馈。通过在线测验和作业提交系统，教师可以及时了解学生的阅读理解和语言运用情况，并针对他们在学习中存在的问题给予指导和帮助。这种个性化的教学方式不仅提高了教学效率，也使学生的学习更加有针对性。

在实施技术辅助策略时，教师始终根据学生的实际情况选择合适的教学资源和工具。例如，对于英语基础较好的学生，教师会提供更具挑战性的学习材料和互动任务；而对于英语基础相对薄弱的学生，教师则会提供较为基础的学习资源和额外的辅导。

第五章

核心素养引领下的初中英语整本书阅读发展探索

在核心素养引领下，初中英语整本书的阅读将呈现多元化发展的特点，每一种阅读方式都有其独特之处。

第一节　多元化阅读

初中英语整本书阅读教学中的多元阅读包括多元阅读主题与文本类型的选择，以及多元阅读方法的选择与应用。

一、多元阅读主题

在初中英语整本书阅读中，多元主题阅读是一种重要的教学方法。这种方法可以帮助学生接触不同的话题和观点，拓宽视野，提高阅读理解能力。

（一）成长与自我发现

发现这一主题深入探索了青少年在成长过程中所经历的种种困惑、挑战以及对自我的不断探索。这一主题在文学作品中占有举足轻重的地位，因为它触及了每个人都会经历的生命阶段。*The Catcher in the Rye*（《麦田里的守望者》）和 *To Kill a Mockingbird*（《杀死一只知更鸟》）就是此类主题的杰出代表。

在 *The Catcher in the Rye*（《麦田里的守望者》）中，主人公霍尔顿的内心世界充满了迷茫与反叛。他试图逃离成人世界的虚伪与做作，追寻内心的纯真与真实。这本书不仅是对青少年成长困惑的写照，更是对成人世界的深刻反思。霍尔顿的旅程实际上是每个人在成长过程中都会经历的自我发现与认同的探寻。

同样，*To Kill a Mockingbird*（《杀死一只知更鸟》）也展现了主人公斯科特在成长过程中的自我发现。通过她对周围世界的观察与理解，尤其是对种族歧视和社会不公的深刻认识，斯科特逐渐明确了自己的价值观和人生追求。这种成长不仅是对外部世界的认知，更是对内心世界的深刻洞察。

成长与自我发现这一主题之所以引人入胜，是因为它触及了我们每个人的内心深处。在这些书籍中，我们看到了自己的影子，感受到了成长的痛苦与喜悦，也找到了自我认同与价值。

（二）友情与人际关系

友情与人际关系是文学作品永恒的主题之一。这个主题探讨了人与人之间的联系、沟通和理解，以及友情的形成与维系。这一主题在 *The Giver*（《赐予者》）和 *Bridge to Terabithia*（《通向泰罗比蒂尔的桥》）这类作品中，得到了深刻的体现。

The Giver（《赠予者》）通过主人公乔纳斯的视角，展现了在一个看似完美的社区中，人与人之间关系的复杂性和微妙性。乔纳斯与他的朋友菲奥娜、阿什尔之间的友谊，以及他与"授予者"之间的特殊关系，都深刻地反映了友谊与人际关系的重要性和复杂性。

Bridge to Terabithia（《通向泰罗比蒂尔的桥》）则通过杰西和莱斯利之间的友谊，展现了友情的力量和美好。他们在想象中的世界——特拉比西亚王国中相互扶持、共同成长。这部作品让我们明白，友情不仅仅是彼此陪伴和分享快乐，更是在困难时期相互支持和鼓励的力量源泉。

友情与人际关系这一主题之所以重要，是因为它关乎我们每个人的日常生活和情感体验。通过这些文学作品，我们可以更深入地理解人与人之间关系的复杂性，并学会珍惜和维护身边的友情。

（三）家庭与亲情

家庭与亲情是文学作品中不可或缺的主题之一。这一主题深入探讨了家庭成员之间的互动、情感纽带及家庭对个人成长的重要影响。在 *Little Women*（《小妇人》）等经典作品中，我们可以看到家庭与亲情的深刻描绘。

Little Women（《小妇人》）以马奇家四姐妹的成长经历为主线，展现了她们之间以及她们与父母之间的深厚亲情。这部作品不仅描绘了家庭的温馨与和谐，还深入探讨了家庭成员在彼此成长过程中的重要作用。通过马奇家四姐妹的故事，我们深刻感受到家庭对个人性格塑造和人生价值观形成的重要影响。

（四）冒险与探险

冒险与探险这一主题在初中英语整本书阅读中占据着重要地位。它点燃了读者的好奇心和探索欲望，引领他们进入一个充满刺激与未知的世界。在 *Treasure Island*（《金银岛》）和 *The Adventures of Tom Sawyer*（《汤姆·索亚历险记》）等经典作品中，我们可以跟随主人公一起踏上惊险刺激的冒险旅程。

Treasure Island（《金银岛》）讲述了一位名叫吉姆的年轻少年的寻宝之旅。他意外获得了一张海盗的藏宝图，随后与一群性格各异的海盗展开了一场惊心动魄的寻宝冒险。这本书通过生动的情节和异域风情，让读者仿佛置身于那个充满危险与机遇的冒险世界。在吉姆的冒险过程中，读者不仅体验到了寻宝的刺激，还感受到了勇敢、智慧和团队协作的重要性。

The Adventures of Tom Sawyer（《汤姆·索亚历险记》）也是一部以冒险为主题的经典作品。汤姆·索亚和他的小伙伴们在密西西比河畔的小镇上展开了一系列令人捧腹大笑的冒险。这些冒险不仅让读者感受到童年的无忧无虑，还传递了友谊、勇气和冒险精神的可贵。

冒险与探险这一主题之所以吸引人，是因为它激发了人们内心深处的探索欲望。在这些作品中，读者可以跟随主人公一起面对未知的挑战，感受冒险带来的刺激与乐趣，同时也能在冒险中学会勇敢和坚韧。

（五）历史与文化

历史与文化主题在初中英语整本书阅读中同样占据重要地位。通过阅读这类主题的作品，学生可以深入了解不同历史时期和文化背景，从而培养对多元文化的理解与尊重。*Number the Stars*（《数星星》）和 *The Diary of a Young Girl*（《安妮日记》）就是此类主题的杰出代表。

Number the Stars（《数星星》）以二战时期的丹麦为背景，讲述了一个关于勇气和友谊的故事。通过主人公的视角，读者可以深入了解那个特殊历史时期人们的生活和心境，感受战争给人们带来的苦难和挣扎。同时，这本书也展示了人性的光辉，让读者明白，即使在黑暗的时代，也有人愿意为了正义和友谊而挺身而出。

The Diary of a Young Girl（《安妮日记》）则是一部真实的历史记录。安妮·弗兰克在日记中详细记录了自己在纳粹统治下的生活经历和内心感受。通过阅读她的日记，读者可以深刻感受到那个时代的恐怖与压抑，也能体会到安妮对生活的热爱和对自由的渴望。这部作品不仅让读者了解了历史，还让他们学会珍惜当下的和平与自由。

历史与文化主题的作品之所以重要，是因为它们能够让我们更好地了解过去、珍惜现在，并思考未来。通过这些作品，学生可以拓宽视野、增长见识，并学会以更加包容和理解的态度面对不同的文化和历史背景。

（六）科幻与想象

科幻与想象主题在初中英语整本书阅读中独具魅力。这类作品引导学生思考未来、探索未知，并拓展他们的想象力。*The Time Machine*（《时间机器》）和 20,000 *Leagues Under the Sea*（《海底两万里》）就是此类主题的经典之作。

The Time Machine（《时间机器》）讲述了一位科学家发明了一台可以穿越时空的时间机器，并穿越到未来的故事。通过主人公的冒险经历，读者可以一窥未来世界的可能面貌，思考科技发展与人类命运的关系。这部作品不仅让读者感受到科幻的魅力，还激发了他们对未来世界的无限遐想。

20,000 *Leagues Under the Sea*（《海底两万里》）是一部充满奇幻色彩的科幻小说。故事讲述了主人公们乘坐"鹦鹉螺号"潜水艇在海底进行的奇妙冒险。在这段旅程中，读者可以领略神秘莫测的海底世界，感受到人与自然的和谐共生。这部作品不仅拓展了读者的想象力，还传递了对自然的敬畏以及保护自然的重要性。

科幻与想象主题的作品之所以引人入胜，是因为它们打破了现实的束缚，带领读者进入一个充满奇幻元素的未来或异世界。在这些作品中，读者可以尽情驰骋想象，探索未知的领域，并思考人类与未来的关系。

（七）社会问题与现实主义

社会问题与现实主义是初中英语整本书阅读中的另一重要主题。这类作品通过反映现实生活中的社会问题，引发学生对这些问题的思考和讨论。*Of Mice and Men*（《人鼠之间》）和 *The Grapes of Wrath*（《愤怒的葡萄》）是此类主题的代表作。

Of Mice and Men（《人鼠之间》）讲述了两个美国流动农业工人的故事，揭示了当时美国社会中的贫富差距和不公平现象。通过主人公的遭遇，读者可以深刻感受到社会不公带来的痛苦和挣扎。这部作品不仅让读者了解了社会问题，还激发了他们对社会公平和正义的追求。

The Grapes of Wrath（《愤怒的葡萄》）是一部反映美国经济大萧条时期农民苦难的小说。作品通过乔德一家的逃亡经历，展现了那个特殊历史时期人们的困境和挣扎。这部作品不仅让读者感受到了生活的艰辛，还传递了坚

韧不拔、勇往直前的精神力量。

社会问题与现实主义主题的作品之所以具有深刻意义，是因为它们能够让我们更加清晰地看到社会的真实面貌和存在的问题。通过这些作品，学生可以增强社会责任感，学会关注社会问题，并思考如何为解决这些问题贡献自己的力量。同时，这类作品也能帮助学生更好地理解人性与社会现实，培养他们的批判性思维和同理心。

二、多元文本类型

在阅读初中英语整本书的过程中，不同类型的文本具有不同的特点，学生可以通过阅读了解并掌握相应的语言表达方式和文化背景。

（一）小说

小说是初中英语整本书阅读中最常见的文本类型之一，以其引人入胜的情节和丰富的人物角色深受读者喜爱。小说的特点在于具有完整的故事框架，包括起因、发展、高潮和结局。这种连贯的叙事结构使读者能够沉浸其中，随着情节的推进感受到不同的情感波动。同时，小说中的人物角色多样且性格鲜明，他们的行为举止和心理活动构成了故事的重要组成部分，使整个故事更加立体和生动。

以 *To Kill a Mockingbird*（《杀死一只知更鸟》）为例，这部小说通过一个小女孩的视角，讲述了美国南方一个小镇上的种族歧视问题。故事情节紧凑，人物形象鲜活，不仅让读者了解了当时的社会背景，更引导人们反思并关注了种族平等与社会公正。而 *The Lord of the Flies*（《蝇王》）则是一部探讨人性与文明的寓言式小说，通过一群孩子在孤岛上的生存经历，揭示了人性中的善恶冲突以及文明与野蛮的较量。

（二）传记

传记类文本在初中英语整本书阅读中同样占据重要地位。传记以真实人物的生平事迹为线索，详细描绘了他们的出生、成长、奋斗和成就的全过程。通过阅读传记，读者可以深入了解传主的人生轨迹，感受他们的喜怒哀乐，并从中汲取智慧和力量。

例如，*I Am Malala*（《我是马拉拉》）讲述了巴基斯坦女孩马拉拉为争取女性教育权利而斗争的感人故事。她的勇敢和坚持不仅激励了无数读者，还让人们看到了教育和女性力量的重要性。而 *The Diary of a Young Girl*（《安妮日记》）则是一个小女孩在纳粹统治下的真实记录，她的日记中充满了对生活的渴望和对自由的向往，让读者深刻感受到战争的残酷和生命的珍贵。

（三）历史读物

历史读物是初中英语整本书阅读中常见的一种文本类型。这类读物以历史事件或时期为背景，通过生动的叙述和细腻的描绘，让读者仿佛置身于那个特定的历史时期，亲身感受历史的波澜壮阔。

以 *Number the Stars*（《数星星》）为例，这部小说以二战时期的丹麦为背景，通过一个小女孩的视角展现了战争给人们带来的苦难和勇气。读者在阅读过程中，不仅能够了解二战时期的历史背景，还能深刻感受到战争对普通人生活的影响。而 *The Boy in the Striped Pajamas*（《穿条纹睡衣的男孩》）则通过一个德国男孩与犹太男孩之间的友谊，揭示了战争对人性的摧残和对生命的漠视，让读者更加珍惜和平的来之不易。

（四）科幻小说

科幻小说以其独特的想象力和对未来的探索精神吸引着广大读者。这类小说通常以未来或地外世界为背景，融合科学元素和丰富的想象力，通过故事情节的展开来探讨科技发展与人性及社会的关系。

例如，*The Time Machine*（《时间机器》）就是一部经典的科幻小说，讲述了一位科学家发明时间机器并穿越到未来的故事。通过主人公的冒险经历和对未来世界的描绘，读者不仅可以感受到科幻的魅力，还能思考科技发展与人类命运之间的联系。*The Giver*（《赐予者》）则是一部反乌托邦题材的科幻小说，描绘了一个看似完美但实际上剥夺了人们情感和记忆的社会。这部小说引导读者思考个体自由与集体秩序之间的平衡问题及科技发展对人类社会的深远影响。

（五）纪实文学

纪实文学，在初中英语整本书阅读中占有不可或缺的地位。这类文学以真实事件或作者的亲身经历为基础，通过作者的独特视角和深切感受来叙述故事。它不同于虚构小说，更注重真实性和客观性，旨在让读者通过作者的笔触，深入了解某个特定事件、人物或时代背景。

例如，*Into the Wild*（《荒野生存》）一书详细记录了主人公克里斯·麦坎德利斯追寻自由和探索自我的旅程。通过作者的叙述，读者能够深刻感受到主人公内心的挣扎与追求，以及他对自然的敬畏和向往。这本书不仅展现了美国西部壮丽的自然风光，还引发了人们对生活意义和价值的思考。

Into Thin Air（《进入空气稀薄地带》）是一部关于珠穆朗玛峰登山探险的纪实作品。作者通过亲身经历，详细描绘了登山过程中所经历的艰辛与危险，以及团队成员之间的友谊与信任。这本书不仅让读者了解到登山的专业知识和技巧，还让人们感受到人类在面对自然挑战时所展现出的勇气和毅力。

（六）戏剧

戏剧作为一种独特的文学形式，在初中英语整本书阅读中也颇受欢迎。它主要通过人物之间的对话和行动来展示复杂的人物关系和故事情节，通常以舞台表演的形式呈现。戏剧的魅力在于其直观性和生动性，能够让读者或观众更深入地理解人物性格和情节发展。

莎士比亚的 *Romeo and Juliet*（《罗密欧与朱丽叶》）是一部经典的戏剧作品。通过罗密欧与朱丽叶的爱情悲剧，读者能够深刻感受到封建家族之间的仇恨与纷争对年轻人的摧残。这部戏剧不仅展现了人性的复杂与矛盾，更引发人们对爱情、家族与社会关系的思考。

阿瑟·米勒的 *The Crucible*（《萨勒姆的女巫》）是一部以历史为背景的戏剧作品。它通过描绘一场宗教迫害事件，揭示了权力斗争、信仰与道德的复杂性。这部戏剧引导读者思考正义与邪恶、真理与谎言之间的界限，以及个人在面对困境时的选择与牺牲。

（七）寓言/神话

寓言和神话作为古老的文学形式，在初中英语整本书阅读中占有一席之地。它们通过虚构的故事或传统神话传达道德、哲理或文化传统，旨在引导读者思考人生与社会的诸多问题。

Aesop's Fables（《伊索寓言》）是一部经典的寓言集。故事虽然简短，但寓意深刻，通过动物或人物的行为揭示人性的善恶与美丑。这些寓言不仅让

读者在轻松愉快的阅读中领悟了做人的道理，还培养了他们的道德观念和审美情趣。*Greek Myths*（《希腊神话》）则是一部汇集了古希腊神话传说的经典之作。这些神话不仅富有丰富的想象力和创造力，还蕴含深厚的文化底蕴和哲学思考。通过阅读这些神话，读者可以了解到古希腊社会的风土人情和价值观念，同时也能感受到人类对自然与命运的敬畏与探索精神。

三、多元阅读方法

初中英语整本书阅读的方法有很多，每一种方法都有其优势，因此学生可以根据实际情况选择合适的整本书阅读方法。

（一）初中英语整本书深度精读

初中英语整本书深度精读是一种深入细致的阅读方法，旨在帮助学生全面理解书籍内容，提高语言能力和阅读理解能力。英语属于语言文字类学科，对于字、词、句、段、篇的每一个部分，学生都需要理解和掌握基本的方法。阅读作为英语学习中功能性的重要模块，要求学生掌握精读的技巧和能力，以便理解英语文字的字面意思和内在含义。同时，学生可以利用篇章的各个部分，如标题、段首、段尾等，来快速理解文章的主旨。

1. 精读方法

（1）精读标题。标题是一部书或一个章节的灵魂。理解了一部书或一个章节的标题，就能大致理解这一篇章的意思。标题为学生提供了一个清晰的方向，让他们在阅读过程中知道应该注重什么，达到何种深度。当然，标题有多种类型，在教学中，教师需要指导学生采用不同的理解方法来理解整本书或某个段落的意思。

（2）精读段首。如果说标题是文章的灵魂，那么段首就是段落的高度概括。在进行教学时，教师应有意识地强调段首的重要性，让学生养成阅读时先看标题再看段首的习惯。

（3）精读段尾。段首通常是对段落的高度概括，相应地，段尾则是对段落的高度总结。教师应让学生理解：作者有什么想法？作者为什么要写这篇文章？写这篇文章想要表达什么？想体现怎样的情感？希望发出怎样的号召？在教学过程中，教师可以首先提出这些问题，引导学生在文中寻找答案，然后总结规律，帮助学生认识到答案通常出现在段尾。

（4）精读中心句。学生是否能够准确快速地找到篇章的中心句，直接体现出学生阅读水平的高低。对于教师而言，在进行教学时，如何提高学生在这方面的领悟能力是一个需要积极探讨的问题。中心句不同于段首、段尾和标题那样位置明显，它可能出现在作者想要着重强调的地方。因此，找中心句需要根据阅读主题与阅读内容来具体确定，通过层层梳理来判断中心句。

2. 精读策略

（1）把握材料逻辑，梳理篇章主线。篇章的主题是阅读理解的依据，也是篇章分析的主线。准确把握材料的主线，有助于掌握阅读内容的逻辑，从而为精读分析提供可靠的依据。在精读过程中，教师更提倡通过对篇章逻辑的把握，实现对主线的梳理。这个过程首先通过对篇章题目、插图、旁白等内容的理解，对篇章主题形成大概印象；然后结合篇章特有的逻辑词汇、段落主题、段落结构对材料逻辑进行分析；最后结合整体理解，梳理全文的主线。例如，学生在阅读过程中遇到的篇章题目 "Welcome to Sunshine Town"，没有生词，可以直译为"欢迎来到阳光小镇"；每段的副标题表示本段主题，即"安静的居住环境、购物、美食、京剧"，都是 "Would you like to…" 的对象；最后通过对段落的进一步理解，明白以上内容构成了 "Sunshine Town" 的优质生活体验。

（2）结合材料梗概，分析长难句型。长难句型是学生在阅读理解时的一大障碍。由于它们包含陌生词汇与新的语法知识，使学生难以借助已有的英语知识进行准确的分析和理解。然而，精读分析的关键在于对长难句型的透彻理解。在对长难句进行精读分析的过程中，教师应引导学生结合内容概要，运用已有知识对长难句进行分析。这个过程首先要结合篇章主线，对目标长难句所反映的褒贬含义和内容方向作出推测；然后结合已知词汇和句型对长难句内容进行理解；最后将二者结合，对长难句大意进行推测和判断。例如，对 "Why not visit our local theatre and enjoy Beijing opera?" 进行分析，句中的 "Why not" 句型表示"为什么不……"，因此可以推测 "visit our local theatre and enjoy Beijing opera" 意为"参观当地的剧场并欣赏京剧"。所以本句结合上下文可理解为"你喜欢京剧吗？那么为什么不参观当地的某场所并欣赏京剧呢？"可见，篇章或段落的大意对长难句的理解有重要帮助，借助句子背景，可以大胆推测句子的含义。

（3）借助语境语义，掌握词汇大意。英语词汇内容丰富、形式多样。词义受语言环境的影响较大，加上英语与汉语在理解逻辑上的差异，词汇的理解一直是阅读的难点。随着精读的深入，理解的层次也在逐渐加深。词汇是阅读材料的基本元素，对词汇的精确理解是对精读的考验。在传统精读中，词汇的理解常常借助词典和词汇表的查阅，虽然这样可以直接明了地理解词汇的大意，但对提升学生的阅读能力作用不大。

在词汇的理解中，教师提倡借助语境和语义，对词汇含义进行分析。例如，对于"It takes only 40 minutes by underground."一句中的"underground"，可以结合上句中"阳光社区离北京市中心不远"的表述，推测"underground"是一种交通方式。同时，结合"under-ground"的词汇构型，可以推测词义为"地铁"。再比如，"there are some Western restaurants too"中的"Western"一词，上句中提到"如果你不喜欢中国食物，那么……"表示转折，"Western restaurants"应与"Chinese food"对应，表示"西餐"，推测"Western"词义为"西方的"。

（二）初中英语整本书主题阅读

英语阅读教学需要具有深厚的文化底蕴，以便增强学生的理解力。同时，教师应秉持能力和素质培养的教育教学理念，确保教学过程生动有趣，强调学生的学习积极性，并培养学生的创新思维。此外，教师还应精心设计阅读教学的主题和重点，以便结合初中生当前面临的学习问题或生活中的热点事件，从生活化的视角为学生呈现更多的文化知识，使其逐渐具备科学精神，并在主题阅读中感受到更多的情感，以及文化、历史、艺术等方面的知识，最终提高学生的写作能力。由此可见，开展主题阅读的目的在于通过这种教学方式开拓初中生的视野，注重各方面能力的培养，从阅读知识的传授中逐步提高学生的写作能力。

1. 英语主题阅读的要求

（1）主题划分。教师除了要提供适当的知识内容，还应对原有的教学方式进行设计，以此丰富学生的思维，使他们能够根据教师的引导，在主题阅读中掌握更多的学习方法。同时，教师应根据不同的主题组织每个单元的知识，并配以相应的图片、资料等内容，以简化学生的阅读理解难度，深化学生的思维，使他们能够在相应的主题中总结出相关的写作方法，从而提高自身的写作能力。除此之外，主题阅读这一教学实践方法的出现，不仅为初中生提供了关于不同内容的资料，还能在阅读中使他们具备丰富的语言素材，用于写作实践。主题阅读具有足够的深度和广度，通过对不同单元内容的主题划分，不仅能够启发初中生的思维，也有利于转变教育教学模式，从而培养学生的写作能力。由此可见，主题划分具体包括：①依据单元内容进行主题划分；②提供相应的图片资料用于培养学生的能力；③通过引导的方式降低学生的理解难度。

（2）培养连贯性意识。大多数教育工作者都认同，无论是学习还是成长，都需要培养学生的创造力。然而，如何在学科教学的基础上，通过转变方法培养学生的思维连贯性，是当前英语教师面临的问题，也是教育教学实践的整体要求。为此，教师应通过主题阅读的方式，培养学生的学科思维及创造力。教师可以从不同单元和不同主题出发，将教材中相似单元的内容进行汇总，从相似的主题内容入手，逐步加深学生的理解，使学生在阅读中积累词汇，从而更容易进行写作实践。只有这样，才能在主题阅读实践中培养学生的创造性思维和连贯性意识，使学生在阅读和写作中获得更大的提升。

2. 通过主题阅读提高学生写作能力的实践方法

（1）巧用问题，激发灵感。与问题相结合的教学实践方法能够启发学生的思维，开阔他们的视野，有助于提高学生对英语学科的学习兴趣，从而丰富学生的语言素材，达到通过问题促进学生阅读能力发展的目的。在主题阅读课堂上，学生会阅读到与同一主题相关的内容，并通过教师的问题引导，明确所读内容的方向，也可以在阅读实践中逐步提高自身的学科素养。由此可见，在主题阅读教学中，教师合理的提问可以帮助学生拓宽阅读视野，将教师传授的阅读和写作方法运用到实践中，从而逐步解决无思路可写和写作无逻辑性的问题。

例如，在初中英语教学中，关于"Can you play the guitar?"的主题阅读教学，教师应善于运用问题来引导学生的思维，使问题成为有效的思维引导工具，从而逐步增加学生的英语素材储备，这是激发学生写作灵感的主要途径。除此之外，这种教学方式还可以对初中生产生许多细微的影响，如提高学生的口语交际能力和逻辑思维能力等。

（2）引导归纳，积累知识。教师可以利用学生的好奇心，结合引导和归纳的主题阅读实践教学方法，使学生能够在主题阅读中积累知识。例如，在"I'm watching TV."的教学中，教师可以根据单元内容，对教材中同一主题的内容进行探索，以此帮助学生理解"Here are … ""two nice photos of my family"等重点和难点句式的使用方法，并将学习到的短语和句式应用于写作中。

主题阅读既是一种教学实践的方法，也是一种培养学生写作能力的方式。在现阶段，提高学生写作能力的方法有很多种，但需要英语教师在教学中加以甄别，并通过归纳总结的方式，帮助学生理清阅读思路，真正实现以主题阅读促进学生写作能力提升的目标。

（三）初中英语基础阅读活动

对于初中生来说，阅读在英语学习中占据着重要地位，包括阅读能力、理解能力、归纳概括能力、逻辑推理能力以及对材料的评估能力等。因此，教师应充分利用教材，在课堂上注重培养学生良好的阅读习惯，并帮助学生掌握一些有效的阅读策略。在授课时，教师要注意引导多于讲解，重视学生在课堂上的主体地位，尽可能激发学生的学习积极性。

1. 完善阅读探究活动，丰富有效阅读经验

常规的初中英语阅读教学以教师为中心，学生很少有机会阐述个人观点，渐渐习惯了被动接受。然而，阅读必须以学生的思维参与和情感代入为基础，才能确保学生自主接收文本内容，从而实现有效阅读。而单向地被动接受会给学生带来沉重的记忆负担，难以有效提升学生的阅读能力。因此，初中英语教师应积极组织阅读探究教学活动，引导学生实现自主阅读，鼓励学生主动剖析文本内涵，以切实丰富学生的有效阅读经验，初步培养学生的英语阅读能力。

例如，在阅读圈的教学过程中，教师将4名学生分为一个阅读小组，要求小组合作探究书籍内容。首先，小组成员需要分段朗读书籍，观察同伴的英语发音，初步识别词汇，熟悉书籍内容，并在朗读任务完成后翻译内容。在翻译时，各小组不必精确翻译每一个单词的意思，而是要大致概括书籍内容，学习以语篇为单位解读文本。其次，小组成员要分析书籍的段落布局形式，分段概括书籍，为各个段落起一个小标题，以此梳理书籍的写作思路。为此，小组可以通过思维导图呈现分段结果，为后续的讨论做准备。最后，

小组成员可以共同讨论书籍设计的阅读问题，进行平等交流，以达成共识并写下问题答案。

2. 归纳有效阅读技巧，优化学生阅读思维

传统的初中英语阅读教学通常以单篇文本阅读为主要形式，关注于文本本身，很少引导学生在阅读时归纳阅读技巧。因此，部分学生的阅读迁移能力较低，思维结构也呈现出碎片化、零散和单一的特点。实际上，丰富有效的阅读技巧可以帮助学生形成举一反三的解题能力，并有效规范他们的阅读行为。因此，教师应与学生共同归纳阅读技巧，引导学生建立语篇意识，使其能够灵活迁移，进而实现有效阅读。

随着"新课改"的深入发展，课外阅读活动变得愈加重要，英语学科同样需要丰富的课外阅读活动来帮助学生整合阅读经验，切实拓展学生的英语阅读视野，确保学生的长远进步。因此，教师应积极组织丰富的课外阅读活动，客观分析学生的阅读喜好，并根据学生的阅读能力制订灵活的阅读计划，以稳步提升学生的英语阅读能力，促使学生全面内化阅读技巧。

在组织英语课外阅读活动时，教师应为学生提供充足的阅读自由，根据学生的阅读兴趣和发展需求提供相应的文本内容。例如，对于词汇量较少、英语阅读理解能力较低的学生，教师可以推荐一些英语版的绘本，这些绘本可以围绕人生理想、人际关系、青春问题等与学生成长密切相关的主题进行整合。对于阅读兴趣浓厚、英语阅读能力较强的学生，教师可以推荐《小王子》《绿野仙踪》《汤姆·索亚历险记》等书籍，训练学生的阅读能力，帮助他们自主积累语言知识，应用阅读技巧，提升英语阅读水平。

（四）初中学生自主进行整本书阅读

英语阅读能力在中学生的英语学习中扮演着至关重要的角色。提高英语阅读能力可以帮助学生更深入地理解所学英语知识的内涵，从而提升他们的英语成绩，增强学习兴趣，形成良性循环的学习过程，最终实现教育教学的目标——教书育人。那么，在日常教学中，教师应如何激发学生的自主阅读能力，并在这一过程中消除自主阅读障碍呢？

1. 分析学生存在自主性阅读障碍的原因

（1）学生对英语单词的把握能力不强。单词既简单又深刻。之所以说它简单，是因为英语单词清晰明了地展现在教师面前，具有特定的内涵和具体

的表达内容，教师很难为其附加过多的含义。然而，有时它又是深刻的，不仅仅是简单的文字，背后隐藏着作者想要表达的深刻内涵。没有亲身经历时，往往很难理解其中的具体内涵。然而，生活中的事情不可能全部经历，这正是导致阅读理解困难的原因。

（2）教师的引导对学生的英语阅读也有至关重要的影响。英语阅读材料不应过于追求难度或急于求成。为了提高学生成绩而选择一些难度较大的材料，这样不仅不能有效提高成绩，反而会严重影响学生学习英语的积极性，不利于提升学生的英语素养。同时，英语阅读材料也不应过于简单，因为这样无法达到提高阅读能力的目的。

（3）英语教学机制的不完善。英语阅读教学是一种内在对话机制，包括学生、教师和文本，它是一个对话的过程。然而，在当前的英语阅读教学中，往往容易忽视其中的某一方。在英语新课程改革的背景下，如何提升学生的英语阅读能力成为亟待解决的问题。

2. 扫除初中生自主阅读障碍的相关措施

（1）选取适当的英语阅读教学方法。首先，要进一步优化英语学习方法。合作式学习是英语阅读教学中的一种方法，而是否采用合作式教学取决于本节课的教学内容。教师在运用合作式教学时必须考虑一个前提，即合作式教学是否有利于提高英语阅读效果。此外，教师在运用合作式教学提高英语阅读能力时，要注意科学合理的安排，使合作式学习真正落到实处，而不是流于形式。其次，注重发挥教师在英语阅读方面的引导作用。"新课改"要求教师充分发挥其教学主体的作用，采用多种多样的英语阅读教学方法，培养初中生英语阅读的自主性。在英语阅读的教学过程中，教师要以引导学生学习为前提，以英语阅读为有效手段，使学生体会并领悟英语阅读带来的巨大魅力。最后，教师要引导学生找到课程学习的切入点。教师首先要了解文本，通晓大意，然后有效地引导学生进入英语阅读的情境中。教师可以扮演学生角色，与学生一起参与英语阅读，这样教师与学生之间便不再有二次的英语理解障碍。

（2）英语教学目标要制定明确。《义务教育英语课程标准（2022年版）》对英语阅读教学提出了更高的要求。英语阅读是学生首先要面对的任务，如果在这一环节出现障碍，将会严重影响学生接下来的英语学习。因此，对于教师来说,帮助学生克服英语阅读障碍是非常重要的,需要制定明确的教学目标。

(3)利用英语阅读教学评价。首先,以评价为基础。对于英语阅读教学的评价,教师应该采取客观的态度。例如,某些评价有助于实现英语教学目标,就要充分肯定。其次,建立多种英语评价机制。在英语阅读教学中,可以建立多种英语评价机制。英语评价机制包括自我评价、同伴评价和教师评价三个部分。要让每个学生在参与英语评价的同时,了解他人对自己的评价和教师的评价,充分发挥学生的主体作用,激发学生学习英语的兴趣,使英语阅读教学具有多元的参与模式。在轻松的环境中,学生会更容易理解作者的想法,更容易走进作者的内心世界,从而与作者产生共鸣。这样一来,学生们不仅会在无形中提高自己的英语学习成绩,还会增加阅读英语篇章的兴趣。

(4)选择合理的英语阅读教学内容。在选择英语阅读材料时,教师应采取分层提高的方法,合理适度地把握篇章的难易程度。如果学生的英语阅读材料过难,他们理解起来会相对困难,也不容易掌握,这会影响他们学习的积极性和主动性。如果材料过于简单,不符合《义务教育英语课程标准(2022年版)》的要求,不仅降低了英语阅读教学的基本要求,也不利于培养学生的英语兴趣。因此,教师在选择学生的英语阅读材料时,应注意适当把握难易程度,将英语教学的难易程度与学生学习的努力程度相结合。

第二节 教师指导和引领作用的发挥

课堂上的英语学习远远不能满足当代中学生的阅读需求,这种需求包括考试需求和对外界了解的欲望。在英语整本书阅读方面,教师的指导可以很好地帮助学生发现问题并解决问题。

一、教师做好英语整本书阅读指导

(一)了解学生的阅读目的,有效指导课外阅读

1. 以兴趣为目的的阅读

众所周知,兴趣是最好的老师,但教材中的阅读材料是相对固定的,学

生的阅读兴趣往往不高。而且，学生的兴趣各不相同。为了既能满足他们的兴趣爱好，又能帮助他们提高阅读水平，达到新课标所规定的普通初中学生的阅读要求，教师可以指导学生根据自己的爱好选择不同的英语读物进行自主阅读。例如：robot（机器人）、computer（计算机）、English square（英语广场）等。

2. 以提高应试能力为目的的阅读

广泛阅读不同题材和体裁的英语文章，如故事、新闻、科普等，有助于提高阅读速度和理解能力。针对中考英语阅读理解的专项训练书籍，教师应根据不同的题型和难度进行分类训练，使学生熟悉考试题型和难度，了解出题规律。只要持之以恒，学生做到自觉阅读，自然会对阅读考试充满信心。

3. 跨学科内容的阅读

初中阶段的学习节奏异常紧张，日复一日的紧张学习使学生的大脑处于高速运转状态，然而效率却不见得高。学生适当地进行课外阅读不仅可以放松大脑，还可以了解许多知识，如地理、物理、数学等课外知识，增加对其他学科的兴趣，可谓一举多得。

（二）总结初中英语整本书阅读教学资源选择的原则

学好英语需要大量的输入，仅靠课堂学习是远远不够的，还需要大量的课外阅读。阅读能力可以说是语言学习的基础，而阅读教学也是英语教学的重要组成部分。著名学者柯鲁克先生曾一再主张将英语的大量阅读当作英语教学的主要手段。那么，教师应遵循什么原则选择阅读资源呢？

1. 适宜性原则

（1）符合学生年龄和认知水平：资源内容应与初中学生的心理特点、知识储备和理解能力相匹配。例如，对于初一学生，可以选择语言相对简单、情节生动有趣的书籍，如《小王子》的英文简易版；对于初三学生，则可以挑战一些语言稍复杂、主题更深刻的作品。

（2）适应教学目标和课程要求：所选资源应能服务于初中英语教学的总体目标，涵盖词汇、语法、阅读技巧等学习内容，并与新课标和教材内容相呼应。

2. 趣味性原则

（1）激发学生的阅读兴趣：阅读资源应具有吸引力，能够激发学生的好奇心和探索欲。可以选择故事性强、人物形象鲜明、情节跌宕起伏的书籍，或者具有独特创意和新颖视角的作品，让学生在阅读中感受到乐趣。

（2）多样化的题材和风格：阅读资源包括冒险故事、科幻小说、传记、童话等多种题材，以及幽默、温馨、悬疑等多种风格，以满足学生不同的兴趣爱好。

3. 教育性原则

（1）传递积极价值观：阅读资源内容应蕴含正面的价值观，如勇敢、善良、诚信和团结等，对学生的品德培养和人格塑造起到积极作用。

（2）促进文化理解：选择能够展现不同文化背景和风土人情的书籍，帮助学生拓宽国际视野，增强跨文化交流的意识。

4. 语言规范性原则

（1）标准的英语表达：阅读资源中的语言应规范、准确，符合英语语法和表达习惯，为学生提供良好的语言学习范例。

（2）丰富的语言素材：阅读资源包含多样的词汇、句型和表达方式，有助于学生扩大词汇量并提高语言运用能力。

4. 可获取性原则

（1）资源获取便捷：选择易于购买、借阅或在网络上找到的书籍和资料，以确保学生能够方便地获取阅读资源。

（2）配套资源丰富：如果有相关的音频、视频、练习题等配套资源，将更有助于教学活动的开展和学生的自主学习。

（三）指导学生课外阅读的方式

1. 写出所阅读篇章故事梗概

为了提升学生的英语素养，教师可以鼓励学生在阅读完小说和故事后，用英语概括其中心思想。这不仅能增强学生运用词汇和句式的能力，还能锻炼他们的文章结构布局能力。

2. 阅读材料和视频相结合

通过阅读，学生大体上能够了解故事的梗概。在此基础上，教师可以建议学生观看相应的视频，使学生在进一步熟悉故事内容的同时锻炼听力，并了解外国文化。看完视频后，教师还可以组织英语水平较高且有兴趣的学生进行配音表演。

3. 进行演讲或讲故事竞赛

为了提高学生课外阅读的积极性，并为他们创造一个展示自我的平台，教师可以定期利用课余时间组织学生根据自己阅读的材料进行演讲比赛或讲故事比赛。在演讲过程中，不必过于刻意追求语法的正确性，其目的是让学生敢于开口说英语，用英语分享自己的收获。

4. 策略技巧的培养

首先，教师应该通过课堂阅读活动，将常用的阅读策略和技巧有计划、有步骤地传授给学生。这些策略包括快速浏览训练、扫读或跳读训练、拓宽视野训练、上下文猜词训练、标题理解、寻找和理解主题句、寻找和利用衔接词、寻找和利用关键词、概括大意、寻找细节、推断态度等。通过对阅读策略和技巧的学习，学生逐渐变得更加"会读"。

教师需要注意的是，各种技巧的安排要循序渐进，结合不同的阅读内容，在阅读中有步骤地进行渗透，使学生在体验、感受、总结和实践中逐步掌握这些技巧。一般情况下，上阅读课前并不要求学生预习，阅读安排在课内进行，正是为了对学生进行阅读技巧的指导训练。其次，阅读策略的培养要因材施教。阅读课中，教师要帮助学生建立语体意识，对于不同的阅读材料要求也不一样，例如，对于议论性的篇章，要注意整体把握作者传达的思想和提供的论据。教师要尊重学生的个性差异，允许并鼓励学生在阅读实践中根据自己的认知特征选择和改进各种阅读技巧，以提高阅读效率。

5. 阅读问题的设计

教师能否设计出优质的问题，直接关系到学生的阅读兴趣能否被有效激发，以及是否能准确检测学生的整体阅读理解水平。因此，阅读课的成败在很大程度上取决于这个环节。教师备课时应以终为始，从"是什么""为什么""怎么做"入手，在充分理解篇章内容后再设计问题。

6. 阅读活动安排

教师可以开展各种形式的阅读活动，以便让学生分享他们的阅读感受，并帮助学生发展提问、报告、比较、判断等能力，使学生成为具有思考力的读者。

教师应有计划、有目的地指导和培养学生的自主阅读能力，使学生能够有方法地阅读、创造性地阅读，并形成个性化的阅读方式。学生应从"要我学"转变为"我要学"，成为学习的主人，进而形成自学能力。

阅读理解是一个十分复杂的过程，学生在具备一定的词汇量与语法知识的同时，还需要拥有比较广泛的社会文化背景知识，以及猜想、推断、分析、归纳和演绎等综合能力。

二、教师要注重自身综合专业素质提升

要成为一名优秀的初中英语教师，就必须不断提升自身的综合专业素养。教师应多研究课堂教学实践，立足于课堂、学生和教材，有意识、有目的地对课堂中遇到的问题进行教学案例研究。在发现问题、分析问题、解决问题的过程中，不断提升授课技巧和自身英语课堂的教学能力。

（一）加强教师自身的口语技能发展，不断提高英语教师的文化素养

英语虽然是我们国家的第二语言，但在日常生活中缺乏使用环境，学生和教师都需要不断提高口语水平。为了给学生创造良好的口语交际环境，教师应主动参与到口语练习中，将口语实践视为日常工作的一部分。例如，教师可以利用业余时间观看英语电影、阅读英语新闻，以拓宽视野，这也有助于在课堂上为学生创造全英语教学环境。只有教师积极使用英语口语，才能带动学生进行英语交流互动。通过观看和收听英语新闻，教师可以拓宽国际视野，丰富人文素养，并为学生呈现沉浸式教学环境，使学生在潜移默化中提升英语的多方面能力。

（二）注重对初中英语教师的培训，通过多种形式提高教师的专业素养

教师是一项需要特殊专业技能的职业。作为一名教师，仅仅提升自身的英语水平是不够的，还需要注重提升教学专业技能。在日常工作中，应灵活多样地将教材内容传授给学生，优化课堂教学，并加强对学生学习方法的指导，充分发挥教师的评价优势，激励学生的内在动力，使他们从厌学转变为乐学，进而享受成功的乐趣，形成良性循环。这需要教师积极主动地引导、启发和诠释，以更好地完成教学任务。教师应将教材中静态的语言文字转化为生动的图像，运用情景、动作和语言表达，为学生与英语之间搭建一座桥梁，使学生的英语学习成为一种自然过渡的思维过程。为有效推进英语教学

策略，教师可以从日常教学策略的优化以及知识体系的完善等方面入手，做好课程资源的开发和培训工作。

（三）通过校本研修，丰富英语教师的学习理念

校本研修是提高教师专业技能的重要途径，也是教师进行课例研讨的主要方式。校本研修要以新课标为导向，以促进每个学生的发展为宗旨，以课程实施过程中学校所面临的各种具体问题为对象，以教师为研究主体。它既注重切实解决实际问题，又注重概括、提升、总结经验和探索规律。校本研修立足于课堂教学，着眼于学生的自主学习、合作学习和探究学习，通过改革教师的教学方式和学生的学习方式，优化教学过程，提高教育教学效率和质量。

在校本研修中，教师应意识到：专业成长＝经验＋反思。这里的反思主要指的是反思师生在课堂教学中教学行为的得与失。作为教师，只有真正意识到教学是无止境的，才会自觉反思自己的教学实践，不满足于现状，不断进取。

1. 重视反思价值

要认识到反思的价值，充分了解反思性教学对提高教师教学能力的重要性。明确反思能帮助教师在教学中发现错误并进行纠正，同时优化已有的认识，提高自身水平。

2. 增强教学的责任感

反思是一种"积极的、坚持不懈的和仔细的考虑"，通常是与自己较劲，是一种可能引发痛苦的行为。缺乏责任感和意志力的人往往对此望而却步。教师应经常反思自身的教学行为是否有利于学生，是否符合学生的需求，是否促进学生思维的发展。

3. 养成反思习惯

要形成习惯化的反思行为，教师需要对教学内容、教学态度、教学全过程和教学情境进行反思。只有养成反思的习惯，才能在教学过程中一旦遇到疑点就进入反思状态；敢于提出自己的不同见解，进而不断完善自己的教育教学。没有反思，就没有感悟；没有感悟，就无法提升自己的专业能力。

三、促进教师信息化专业素养的发展

在信息技术快速发展的今天，教育信息化的进步使信息技术与英语课程

的整合成为英语教学发展的必然趋势。信息素养已成为教师的基本素养之一。

信息技术环境下提升初中英语教师专业素养的策略：

（一）改变教育理念，创新授课方式

在信息化时代，教师应充分利用信息时代的科技优势，创新教育教学的思路，学习研究并掌握新的教学方法，运用新的理论知识，转变教学理念，寻找最高效、最能调动学生积极性的教学方式。例如，教师可以在课堂授课过程中适当地使用多媒体课件，提高学生的主观能动性和教学质量，保障教学效果。英语简单来说就是生活中的一种交流工具，因此，教师在教学过程中必须努力创造有效的、贴近生活的、符合教学内容的交流场景，让学生在模拟情境中进行沟通交流，从而掌握相关的英语知识，提高学生学习英语的兴趣。比如，教师在教授"What is the matter with you?"课程时，可以查找相关的英语视频素材，先播放给学生观看，然后安排几组学生进行模仿演示。待学生对单词、句子及相关语法熟练掌握后，教师还可以举一反三，适当增加教学难度，扩展更多的生活常识，潜移默化地让学生学习到更多的知识。

（二）学习教育理论，提升专业知识

作为一名初中英语教师，在知识迅速更新的信息时代，必须坚持终身学习的理念，紧跟时代步伐，不断学习，用新的知识完善和充实自己。在完成教学工作的课余时间，教师应继续学习，完善英语专业相关的基础理论和基本知识。教师可以利用现代信息技术手段，如手机、平板电脑等多样化工具，登录教育教学相关网站，观看名家讲坛或相关教育教学视频，学习中外著名教育教学专家和学者的观点，了解当前的教育改革动态，丰富自身的文化素养，提升专业知识。

（三）切磋交流、共同成长

教师通过不断学习和努力，能够提高自身的专业素养。教师之间可以互相听课、评课，交流教学方案的设计思路和教学心得体会等。除了在本校内部互相切磋交流之外，还可以利用网络资源进行在线听课，学习各类名校名师的授课方式。不出校门便能获取所需的信息和知识。

教师应将校内听课与网上听课相结合，勤于思考，勤于学习，认真做好听课笔记，记录反思后的心得体会，设定正确的专业发展目标，形成自己的教学特色，为自己的教学提供强有力的支持。

（四）实战演练、总结反思

实践出真知。在加强专业理论知识和专业能力之后，教师应当在教学实践中，根据学生的身心发展规律，选择适当的信息化教学媒体，运用有效的教学策略进行教育教学活动，使自身的专业素养能够跟上信息时代的发展步伐。

此外，教师还应积极参与校内外的英语专业技能大赛，以便客观、正确地了解自身情况，充分利用各种可以提高自身专业素养的机会，努力提升自身的专业知识和技能。同时，也要不断发现自身存在的问题和不足，以及优点和特长，并根据学生的反馈，及时改进课堂教学方法，努力实现提升专业素养和教学品质的双重目标。

第三节　现代教育信息技术的应用

信息技术不仅对初中生的英语学习有积极的促进作用，而且还能让阅读教学变得更有趣，内容更丰富。现代信息技术在初中英语整本书阅读中的应用，是一种必然趋势，也是需要认真思考的问题。

一、初中英语读写教学中信息技术的应用

（一）借助电子资源，构建在线阅读资源体系

教师可以利用在线英语阅读平台和电子图书馆等资源，为学生提供大量的英语阅读材料；还可以根据学生的水平和兴趣进行资源筛选和推荐，以满足个性化的阅读需求。此外，教师可以利用在线讨论平台和论坛，让学生在阅读后进行交流和讨论，分享他们的理解和感受，促进学生之间的交流与合作。

（二）借助思维导图，理清写作结构与重点

许多学生在拿到写作题目后，容易出现不知道写什么的困惑，或者在完成写作后存在文章整体缺乏条理性和逻辑性等问题，让人难以抓住写作重点

和中心内容。面对这种情况，教师可以利用信息技术引入思维导图，为学生提供新的写作方法，并借助思维导图引导他们将写作与阅读有机结合。例如，在进行"My summer vacation"的写作练习时，尽管英语写作篇幅较短，但也应像语文写作一样先列提纲。教师可以先利用多媒体展示一张思维导图，以写作题目为关键词，分出各个分支，引导并带领学生一起补全思维导图。当思维导图构建完成后，学生能够清晰地了解自己的写作主线和整体结构，也能明确写作中需要使用的句式、单词、语法和短语等。在这种情况下，学生可以通过阅读主动查找所需的写作资料，从而促进自主阅读。同时，在阅读过程中，学生也可以借助思维导图，对查找的相关阅读篇章进行总结提炼，参考优秀篇章的写作结构与思路，巧妙运用阅读积累的语法和句式，从而提高阅读积极性，提升写作的条理性。

（三）创设多媒体情境，促进写作融入阅读

多媒体技术的有效应用可以为学生带来多感官体验，使学生能够在更真实的语言情境中进行阅读和写作练习。例如，在教授"I'm going to study computer science"这一主题时，教师可以先制作PPT课件，展示几组不同职业人员的照片，如钢琴家郎朗、科学家钱学森、作家鲁迅、歌手周杰伦、演员刘德华等，并提出问题让学生思考：还有哪些职业？自己未来想从事的职业有哪些？通过这些问题情境引发学生的思考，引入"be going to"句型。在学习基础知识后，教师可以引入相关的阅读材料，让学生利用所学知识进行阅读。阅读结束后，教师可以创设情境，提出问题："What do you want to do in the future? How do you plan on doing that?"，让学生两人一组进行对话。这种方式能够加深学生对单词和句型的理解，同时也能够锻炼他们的表达能力，为写作打下基础。在课程结束后，教师可以根据单元内容要求学生进行课堂写作练习，及时巩固所学知识，实现阅读学习与写作练习的有效衔接。

（四）开展多种英语活动，提高阅读与写作的融合度

教师不应将英语教学局限于课堂，而应通过多种英语活动让学生接触阅读、锻炼写作，从而真正解决学习难题。例如，教师可以每半个月或一个月，利用多媒体为学生播放一部英语电影，这不仅丰富了学生的生活，还可以培养他们的语感，帮助学生积累写作素材、锻炼阅读能力。此外，还可以借助

网络搜集学习资源，以微课视频、学习资料等方式发送至班级群，供学生课后观看学习，帮助他们找到阅读与写作之间的联系，实现阅读与写作的共同进步。另外，教师还可以定期开展相关比赛活动，如利用多媒体展示一段课外阅读内容，让学生在观看和聆听的过程中理解中心内容，并根据该内容进行即兴续写比赛。这些活动可以让学生掌握更多的学习方法，推动阅读与写作的有机整合。

二、信息技术在初中英语阅读教学中的应用

（1）提高学生兴趣：通过多媒体互动技术，激发学生对阅读材料的兴趣，使学习过程更加生动有趣。

（2）个性化学习：信息技术可以为学生提供个性化的学习路径，根据学生的阅读水平和兴趣定制阅读材料和练习。

（3）增强互动性：在线教学平台和应用程序可以让学生参与讨论和互动，提高学生的参与度和学习动力。

（4）扩展阅读资源：信息技术提供了丰富的在线阅读资源，包括电子书、有声书和在线图书馆，使学生能够接触到更加广泛的阅读材料。

（5）辅助语言学习：通过使用翻译软件、词典和语言学习工具，学生可以更轻松地理解和掌握新的词汇和语法结构。

（6）培养批判性思维：信息技术可以帮助学生分析和评估阅读材料，从而培养学生的批判性思维和分析能力。

（7）跟踪学习进度：教师可以利用信息技术跟踪学生的阅读进度和理解水平，并及时调整教学策略。

三、信息技术融入初中英语整本书阅读教学的有效措施

（一）趣味课堂导入，激发学习兴趣

课堂导入环节对于吸引学生注意力、调动学生学习积极性至关重要。在初中英语整本书阅读教学中，教师可以利用信息技术设计富有趣味性的课堂导入，以此激发学生的学习兴趣。例如，教师可以选取与阅读内容相关的视频片段、音乐或图像，通过多媒体设备展示给学生，从而迅速抓住学生的注意力。以"购物"主题为例，教师可以通过网络搜索一些与购物相关的趣味

视频，如购物中因语言沟通不畅而产生的误会或趣事。这样的导入方式不仅能让学生捧腹大笑，还能引导他们思考在购物过程中如何正确运用英语进行交流。同时，教师还可以根据视频内容提出问题，激发学生的好奇心，使他们更加期待接下来的阅读内容。

此外，教师还可以利用信息技术制作动画或互动游戏作为课堂导入。例如，针对初中英语整本书中的某个章节，教师可以设计一个相关的动画故事，通过生动的画面和有趣的情节引导学生进入阅读情境。或者，教师可以制作一个互动游戏，让学生在游戏中了解阅读内容的背景和主要人物，从而增加他们对阅读材料的兴趣。

（二）优化教学方法，增强课堂活力

传统的教学方法往往注重知识的灌输，忽视了学生的主体地位和参与度。在初中英语整本书阅读教学中，教师可以借助信息技术来优化教学方法，使课堂更加充满活力。例如，教师可以利用思维导图软件制作动态思维导图，展示阅读篇章的结构和脉络。通过思维导图，学生能够更加清晰地了解阅读材料的整体框架和各个部分之间的联系，从而提高阅读效率和理解能力。

同时，教师还可以利用信息技术创设多样化的教学情境。例如，通过虚拟现实技术或模拟软件，教师可以为学生打造一个仿真的语言环境，让学生在模拟情境中进行角色扮演、对话练习等活动。这样不仅可以提高学生的口语表达能力，还能增强他们的学习体验和参与度。教师还可以利用在线协作工具促进小组合作学习，学生可以在线上进行讨论、分享观点并完成小组任务。

（三）丰富教学内容，提升教学质量

信息技术为初中英语整本书的阅读教学提供了丰富的教学资源。教师可以通过互联网搜索与阅读材料相关的图片、音频、视频等资料，使教学内容更加生动有趣。例如，在讲解某个国家的文化时，教师可以展示该国的风景图片、民俗视频等，让学生更直观地了解该国的文化特色。教师还可以利用信息技术开发课程资源，如制作微课、慕课等在线课程。这些课程可以包含阅读材料的背景介绍、重点词汇和句型的讲解、阅读技巧的指导等内容。学生可以根据自己的学习进度和需求进行自主学习，从而提高阅读能力和学习效率。教师还可以利用网络平台与学生进行互动交流，例如创建班级微信群或 QQ 群，定期发布阅读任务、分享阅读资源，并鼓励学生分享自己的阅读心得和体会。这样不仅可以增强学生的阅读动力，还能及时了解学生的学习情况和反馈意见，从而调整教学策略和方法。

（四）加强课后练习，强化读写融合

课后练习是巩固所学知识和提高技能的重要环节。在初中英语整本书阅读教学中，教师可以利用信息技术加强课后练习的设计和管理。例如，教师可以利用在线教育平台发布课后阅读任务和写作任务，并设定明确的完成时间和要求。学生可以在线提交作业，教师则可以进行线上批改和反馈。

教师可以利用信息技术强化读写融合的训练。例如，在阅读某篇材料后，教师可以要求学生根据材料内容进行仿写、续写或评论等写作活动。学生可以通过电子邮件或在线文档将作品提交给教师进行评估和指导。这种读写融合的训练方式不仅能够提高学生的写作能力，还能促进他们对阅读材料的深入理解和思考。

教师还可以鼓励学生利用信息技术进行自主学习和拓展阅读。例如，教师可以推荐一些适合初中生阅读的英文网站、电子书或在线课程等资源，让学生根据自己的兴趣和需求进行选择和学习。这样不仅可以丰富学生的课外生活，还能提高他们的英语素养和综合能力。

四、推动线上、线下结合的阅读教学模式的发展

目前，许多教育学者和教师已经开始创新阅读教学方法。经过不断探索，发现"读、思、写"这种模式最值得推广，能够有效提升学生的英语阅读能力，进而提高英语成绩。初中阶段的学生由于词汇量不足，对英语阅读难以完全掌握，在英语考试或日常交流中容易出现问题。通过线上、线下结合的"读、思、写"模式，能够更好地发展初中学生的英语素养。

（一）线上、线下混合模式课程的特点

线上、线下混合教学结合了传统封闭式课堂与线上开放式课堂两种教学模式，取长补短。线下教学多采用经典课堂与翻转课堂的结合，能够更有针对性地进行个性化指导，与学生进行更多的互动和直接交流，弥补了线上学

习交互性不足的问题。线上教学则有效地开放了学习的时间和空间，可以更好地激发学生的积极性，传授大量的知识与技能，学生更容易接受。混合式教学能够让教师更灵活地设置教学内容、改善教学情境，使学生体验不同的教学风格，更好地融入学习氛围，从而深入理解课堂内容，有利于培养学生的高阶思维能力。

（二）线上、线下阅读的优势

1. 增加阅读量，积累词汇

提升阅读理解能力的最佳途径就是不断扩大词汇量。初中学生对于英语感到畏惧和困难，大部分原因在于词汇量不足，导致阅读英语文章时遇到困难。教师应鼓励学生增加阅读量，享受阅读的乐趣，运用更多先进的方法和创新手段激发学生的阅读兴趣，并做好阅读指导工作。初中英语阅读的积累不仅限于课堂教材，还应不断向课外阅读拓展。为了达到良好的课外阅读教学质量，教师必须为学生选择合适的课外读物。教师可以先为学生提供一个选择的范围，让学生挑选适合自己且容易引起兴趣的读物；同时，教师需要根据学生的词汇量和英语学习能力，选择难度适中的课外书籍。

课前的导读是阅读的重要环节，其主要目的是激发学生的热情。通过教师的导读，学生可以了解本次阅读材料的背景内容。同时，教师可以在导读中设定问题，提出疑问，引导学生思考。教师可以设计多样化的阅读活动或任务，带领学生阅读材料，探索阅读兴趣，激发他们的热情。可以让学生进行阅读对话，或鼓励他们上台朗读，以增强自信；也可以通过阅读故事性强的文本，让学生进行角色表演或复述故事。这些方法不仅有趣，而且有助于活跃课堂氛围，营造良好的课堂环境。学生在不知不觉中锻炼了口语表达能力，从而提升了阅读能力。

2. 探究思考，实现深层阅读

阅读中的思考需要贯穿全文，学生应根据上下文及语法结构等来揣测推理材料的含义，并通过分析句子探讨作者的用意，揣摩作者的感情。在课堂教学中，教师应为学生留出足够的时间，让他们对语句进行思考和探究。教师可以运用任务驱动式的方法，引导学生提出问题，让他们去探索、筛选信息并找出答案。这个过程能帮助学生在阅读中不断思考。当学生产生疑问时，可以以小组合作的形式探讨问题。这种方式不仅提高了学生的兴趣，还容易让学生养成自主学习的能力，同时有利于形成积极的班级氛围，使学生更愿意投入课堂活动。教师在整个课堂教学中应重点培养学生的阅读习惯，鼓励他们带着意识和思考去理解阅读内容。在课堂上，教师应多讲解阅读方法，让学生掌握适合自己的阅读方式。

此外，教师还可以开展丰富有趣的活动，鼓励学生用自己的语言阐述文章内容和角色。教师通过巧妙设计，用不同的问题引导学生针对材料进行思考，从而提高教学质量，提升学生的阅读能力。例如，教师可以在课堂上创新使用图片创设情境，通过情境让学生描述图片，进而引发他们的思考。

3. 设计写作活动，提高表达能力

初中生的书面表达能力十分重要。在整个英语学习过程中，阅读是锻炼写作能力的最佳方法之一。学生在阅读英语文章时，通过不断探索和挖掘作者的情感，学会更多的表达自己情感的语句。通过大量积累，学生能够增加词汇量并学习到更多有利于提高写作水平的语句。通过大量阅读，学生能够将简单的表达通过更高级的表达方式呈现出来；同时，在阅读和思考的过程中，学生可以理清写作思路，学习更多的表达方式，掌握更多的写作技巧，从而形成自己的写作风格。英语写作表达能力也体现了学生对英语的运用能力，这种能力需要不断实践和探索，通过阅读教学来提升。这种以写促读、以读带写的方式，能够高效提升阅读质量。教师可以让学生模仿优秀的文章和作者，通过大量练习来熟练掌握更多的写作方法。

阅读能力是初中英语学习中必备的能力。英语教师需要不断创新教学方法，运用线上、线下结合的"读、思、写"模式来提升教学质量，使学生不再对英语阅读感到恐惧，进而培养学生的英语素养。

参 考 文 献

[1] 中华人民共和国教育部 . 义务教育英语课程标准 [M] . 北京：北京师范大学出版社，2022.

[2] 黄远振 . 英语阅读教学与思维发展 [M] . 南宁：广西教育出版社，2019.

[3] 余文森 . 核心素养导向的课堂教学 [M] . 上海：上海教育出版社，2017.

[4] 陈则航，邹敏 . 英语阅读教学活动设计 [M] . 北京：外语教学与研究出版社，2022.

[5] 王瑛 . 初中英语学习活动：设计、实施与评价 [M] . 上海：华东师范大学出版社，2021.

[6] 何亚男，应晓球 . 落实学科核心素养在课堂：高中英语阅读教学 [M] . 上海：上海教育出版社，2021.

[7] 徐修安 . 新课程理念下英语教学设计研究 [M] . 上海：上海三联书店，2021.

[8] 邵慧 . 英语阅读教学"中心—框架"模式研究 [M] . 沈阳：东北大学出版社，2020.

[9] 田力 . "导学·互动·矫正"教学模式的探索与实践 [M] . 天津：天津社会科学院出版社，2020.

[10] 葛炳芳，等 . 英语阅读课堂教学 [M] . 北京：外语教学与研究出版社，2019.

[11] 蒋京丽 . 践行英语学习活动观，设计三类课堂学习活动：以初中阅读教学为例 [J] . 英语学习，2023（10）：4—10.

[12] 罗序滔．例谈初中英语阅读教学中的"教—学—评"一体化研讨 [J]．考试周刊，2023 (44)：7—12.

[13] 张肖杨．初中英语阅读教学中培养学生核心素养的途径研究 [J]．天天爱科学：教学研究，2023 (10)：150—152.

[14] 王建敏．探析脚手架技术在初中英语阅读教学中的应用 [J]．天天爱科学：教学研究，2023 (10)：7—9.

[15] 缑建洁．英语学习活动观在初中英语阅读课堂中的实践与探究 [J]．天天爱科学：教学研究，2023，10）：28—30.

[16] 王霞．浅谈读写结合理念在初中英语教学中的渗透 [J]．学周刊，2023 (33)：112—114.

[17] 刘春霞．基于深度学习目标的高中英语整本书阅读教学创新路径 [J]．中学生英语，2023 (38)：51—52.

[18] 许雅丽．任务驱动法在初中英语阅读教学中的运用研究 [J]．名师在线，2023 (27)：72—74.

[19] 张晓芳．基于学科核心素养培养的初中英语阅读教学设计探究：以 Unit 2 "How often do you exercise?" Section B (2a—2e) 为例 [J]．海外英语，2023 (18)：169—171.

[20] 黄蓉．基于主题意义的初中英语整本书阅读教学的实施路径与方法：以《黑布林英语阅读》整本书阅读为例 [J]．中学生英语，2023 (36)：19—20.

[21] 荣冰姿．基于教学评一致性的初中英语阅读课设计探索 [J]．中学生英语，2023 (36)：79—80.

[22] 杨佳佳．指向思维品质提升的初中英语阅读教学策略 [J]．教育界，2023 (26)：23—25.

[23] 汪路艳．基于"教—学—评"一体化的初中英语阅读教学研究 [J]．教学与管理，2023 (27)：96—100.

[24] 金钰成．深度学习指引下的初中英语阅读教学策略分析 [J]．当代家庭教育，2023 (18)：226—228.

[25] 焦皎．英语学习活动观视域下初中英语阅读教学模式分析 [J]．试题与研究，2023 (26)：103—105.

[26] 单贝贝. 初中英语教学中分级阅读模式的应用 [J]. 学园, 2023, 16 (27)：60—62.

[27] 崔言芳. 生本教学理念在初中英语阅读课中的运用探讨 [J]. 中学生英语, 2023 (34)：5—6.

[28] 陈苏沂. 英语报刊阅读融入初中英语教学措施分析 [J]. 中学生英语, 2023 (34)：17—18.

[29] 吴一穹. 初中英语阅读教学中培养学生思维品质的教学方法 [J]. 现代教学, 2023 (17)：44—45.

[30] 陆燕. 新课标下初中英语阅读教学研究 [J]. 新教育, 2023 (S2)：274—275.

[31] 吕国征. 初中英语阅读课第二课时教学存在的问题及对策 [J]. 基础外语教育, 2023, 25 (4)：38—43.

[32] 赖瑞滨. 聚焦学生思维品质培养　促进初中英语深度阅读教学 [J]. 名师在线, 2023 (24)：76—78.

[33] 李春分. 以思维品质为指向探究初中英语"1＋X"阅读教学设计：以人教版英语九年级 Unit 11 The Winning Team 为例 [J]. 新课程导学, 2023 (24)：27—29.

[34] 刘宝莹. 初中英语阅读教学中发展学生社会情感能力的实践探索 [J]. 现代教学, 2023 (Z4)：68—71.

[35] 于超. 初中英语阅读教学中学生自主提问能力的培养 [J]. 教学管理与教育研究, 2023 (16)：100—102.

[36] 蒋壬宇. 沉浸式阅读促进初中英语"有效表达"的实践研究 [J]. 试题与研究, 2023 (24)：139—141.

[37] 廖秀梅. 初中英语阅读教学中问题设计策略 [J]. 中小学班主任, 2023 (16)：68—69.

[38] 陈佩瑶. 核心素养背景下初中英语阅读教学策略探析 [J]. 兴义民族师范学院学报, 2023 (4)：101—105.

[39] 王宇欣. "五育融合"在初中英语阅读教学中的实践探索 [J]. 英语广场, 2023 (24)：126—129.

[40] 石建芳. 翻转课堂模式下初中英语阅读个性化教学分析 [J]. 学周

刊，2023（27）：148—150.

[41] 脱颖．英语深度阅读教学路径探索：以人教版英语八年级上册 Unit 2 为例 [J]．英语画刊：高中版，2023（24）：28—30.

[42] 刘天宇，宋昱晓．初中英语阅读教学中思维导图的应用研究 [J]．中国多媒体与网络教学学报：下旬刊，2023（8）：139—141.

[43] 王利．新课改理念下初中英语阅读教学模式初探 [J]．中国多媒体与网络教学学报：下旬刊，2023（8）：157—159.

[44] 林彬．谈交互式阅读教学在初中英语教学中的应用 [J]．学周刊，2023（34）：85—87.

[45] 张瑞．初中英语阅读教学过程中分层教学策略的运用 [J]．试题与研究，2023（35）：156—158.

[46] 朱晓红．网络资源在初中英语阅读教学中的应用探讨 [J]．试题与研究，2023（33）：58—60.

[47] 薛静．初中英语阅读与写作结合教学的研究 [J]．试题与研究，2023（34）：58—60.

[48] 汪爱红．初中英语任务型教学中的"有效阅读" [J]．中学课程辅导，2023（31）：102—104.

[49] 郑小珍．主题意义引领下的高中英语整本书阅读教学实践 [J]．基础外语教育，2023，25（5）：80—86.

[50] 姜炎．初中英语阅读教学提升学生文化意识的思考 [J]．教育艺术，2023（11）：70.

[51] 潘玉杰．提高农村初中生英语整本书阅读策略 [J]．教育艺术，2023（11）：63—64.

[52] 钱锋．思维导图在初中英语整本书阅读教学中的研究 [J]．江西教育，2023（43）：28—29.

[53] 张鲲，张楠，吴晓威．基于文化意识培养的初中英语阅读教学实践探索 [J]．吉林省教育学院学报，2023，39（11）：108—112.